W0240721

SOMMAIRE

1 Le champ d'application des règles relatives à la protection des données 6

2 Les acteurs de la protection des données 10

3 Les principes fondamentaux de la protection des données 14

4 Le data protection officer 18

5 Le consentement des personnes concernées 21

6 Les données « sensibles » 24

7 L'Accountability 27

8 L'analyse d'impact relative à la protection des données 31

9 Les transferts de données hors Union européenne 35

10 L'obligation d'assurer la sécurité et la confidentialité des données 39

11 La notification des violations de données à caractère personnel 42

12 La sous-traitance 46

13 Les droits des personnes 50

14 Le profilage et la prise de décision automatisée 55

15 Les codes de conduite et les certifications 58

16 Les autorités de contrôle 61

17 Le Comité européen de la protection des données 65

18 Les recours et les sanctions 69

Présentation

Le Règlement général sur la protection des données adopté le 27 avril 2016 (Règlement 2016/679) – RGPD – applicable à compter du 25 mai 2018 est une réforme majeure du droit de la protection des données en Europe. Avec la Directive Prévention et détection des infractions pénales (2016/680), il compose le « **paquet data** » qui vise à harmoniser les règles de protection des données, renforcer les droits des personnes concernées et leur rendre le contrôle de leurs données, et à diffuser la conception européenne de la protection des données via son effet extraterritorial.

En France, cette réforme entraîne un basculement d'un régime administratif de formalités préalables à un régime de conformité globale dans le cadre duquel les entreprises et les organismes traitant des données doivent être en mesure de démontrer à tout moment qu'ils respectent les principes du Règlement. Le RGPD prévoit la possibilité d'adopter des spécificités locales (une cinquantaine), ce qui lui donne un caractère hybride, entre un règlement et une directive.

Afin d'adopter ces spécificités et de transposer en droit français cette directive, un projet de loi relatif à la protection des données personnelles modifiant la loi du 6 janvier 1978 a été publié le 13 décembre 2017 et adopté successivement par l'Assemblée nationale le 13 février 2018 et le Sénat le 21 mars. Ce texte habilite également le gouvernement à prendre par voie d'ordonnance les mesures relevant du domaine de la loi nécessaire à la réécriture de la loi du 6 janvier 1978 afin d'adopter des corrections formelles et les adaptations nécessaires à la mise en œuvre du Règlement. Cette ordonnance doit être prise après avis de la CNIL dans un délai de quatre mois à compter de la promulgation de la loi.

Cet ouvrage présente de manière synthétique les principales dispositions du RGPD. Il s'organise en **18 fiches** permettant d'avoir une vision globale des règles relatives à la protection des données à caractère personnel résultant de l'entrée en application de ce texte. Ces dispositions ont été complétées avec certaines spécificités françaises (sur la base de la version du texte adopté par le Sénat).

Ouvrage achevé de rédiger le 25 mars 2018.

Repères

Les principaux textes applicables en matière de protection des données

6 janvier 1978	Loi n° 78-17 relative à l'informatique, aux fichiers et aux libertés, dite Loi *Informatique et Libertés*
28 janvier 1981	Convention pour la protection des personnes physiques à l'égard du traitement automatisé des données à caractère personnel du Conseil de l'Europe, dite « Convention 108 »
24 octobre 1995	Directive 95/46/CE relative à la protection des personnes physique à l'égard du traitement des données à caractère personnel et à la libre circulation de ces données
18 décembre 2000	Charte des droits fondamentaux de l'Union européenne
8 novembre 2001	Protocole additionnel à la Convention 108 concernant les autorités de contrôle et les flux transfrontières de données
12 juillet 2002	Directive 2002/58/CE concernant le traitement des données à caractère personnel et la protection de la vie privée dans le secteur des communications électroniques
6 août 2004	Loi n° 2004-801 relative à la protection des personnes physiques à l'égard des traitements de données à caractère personnel et modifiant la loi n° 78-17 (transposition de la Directive 95/46/CE en droit français)
27 avril 2016	Règlement 2016/679 relatif à la protection des personnes physiques à l'égard du traitement des données à caractère personnel et à la libre circulation de ces données et Directive 2016/680 relative à la protection des personnes physiques à l'égard du traitement des données à caractère personnel par les autorités compétentes à des fins de prévention et de détection des infractions pénales, d'enquêtes et de poursuites en la matière ou d'exécution de sanctions pénales, et à la libre circulation de ces données
7 octobre 2016	Loi n° 2016-1321 pour une République numérique
13 décembre 2017	Publication du projet de loi relatif à la protection des données personnelles visant à intégrer en droit français le paquet data et modifiant la loi du 6 janvier 1978
25 mai 2018	Entrée en application du RGPD

1

Le champ d'application des règles relatives à la protection des données

Pour tomber dans le champ d'application de la Réglementation relative à la protection des données à caractère personnel, un organisme devra procéder à un traitement de données à caractère personnel dans un périmètre géographique déterminé.

Le champ d'application matériel

Une donnée à caractère personnel faisant l'objet d'un traitement

Les règles relatives à la protection des données sont applicables aux traitements de données à caractère personnel. On entend par « données à caractère personnel, toute information se rapportant à une personne physique identifiée ou identifiable (...) ; est réputée être une « personne physique identifiable » une personne physique qui peut être identifiée, directement ou indirectement, notamment par référence à un identifiant, tel qu'un nom, un numéro d'identification, des données de localisation, un identifiant en ligne, ou à un ou plusieurs éléments spécifiques propres à son identité physique, physiologique, génétique, psychique, économique, culturelle ou sociale » (art. 4, 1). Il s'agit donc de données relatives à des personnes physiques (dites « personnes concernées ») ce qui exclut les informations relatives à des personnes morales (sauf dans l'hypothèse où elle permettrait d'identifier une personne physique).

La notion de données à caractère personnel est très large, incluant des **données directement nominatives** comme le nom et le prénom **ou indirectement** comme des identifiants, des données biométriques, un numéro de carte bancaire ou des données de localisation et bien entendu l'adresse IP.

Ces données doivent faire l'objet d'un traitement, c'est-à-dire d'une opération ou d'un ensemble d'opération manuelle ou automatisée les concernant, « tel(...) que la collecte, l'enregistrement, l'organisation, la structuration, la conservation, l'adaptation ou la modification, l'extraction, la consultation, l'utilisation, la communication par transmission, la diffusion ou toute autre forme de mise à disposition, le rapprochement ou l'interconnexion, la limitation, l'effacement ou la destruction » (art. 4, 2). Cette notion couvre toute opération relative à des données personnelles, qu'elle soit automatisée ou manuelle (ce qui inclut les fichiers papiers).

Données anonymisées/pseudonymisées

Les **données anonymisées** sont **exclues du champ d'application** de cette réglementation (v. considérant 26). Il s'agit de données ne concernant pas une personne physique ou de données personnelles ayant été rendues anonymes de manière irréversible, c'est-à-dire via un processus permettant de garantir que la personne concernée ne pourra pas être réidentifiée par la suite.

Cette catégorie de donnée doit être distinguée des **données pseudonymisées**. Celles-ci restent qualifiées de données à caractère personnel car elles restent attachées à la personne concernée à l'aide d'un identifiant. Les données sont dites pseudonymes lorsqu'elles ne peuvent « plus être attribuées à une personne concernée précise sans avoir recours à des informations supplémentaires ». Ces données supplémentaires doivent, en outre, être « **conservées séparément et soumises à des mesures techniques et organisationnelles** » afin de garantir qu'une information ne soit pas attribuée à une personne physique. L'utilisation de données pseudonymes permet cependant de réduire le risque pour les personnes concernées (considérant 28). En effet, en cas de perte ou de vol, l'identité de l'individu ne sera pas directement exposée.

L'exception d'usage privé

Les activités purement personnelles ou domestiques sont exclues du champ d'application de cette réglementation. Nos **activités quotidiennes** peuvent justifier de collecter des données personnelles (par exemple la tenue d'un fichier d'adresses, ou d'une liste de contacts, l'utilisation de réseaux sociaux, etc.). Pour autant, si ce traitement est utilisé à des fins uniquement personnelles et « **sans lien avec une activité professionnelle ou commerciale** » (considérant 18), il n'est **pas soumis au respect du RGPD**.

À noter cependant que les responsables du traitement et les sous-traitants proposant des outils ou des solutions technologiques pour procéder à ces traitements doivent respecter le RGPD (considérant 18). Ainsi, le fabricant d'un bracelet électronique utilisé à des fins purement personnelles par ses utilisateurs sera tenu de mettre en œuvre le principe de ***Privacy by design*** et ***Privacy by default*** (v. Fiche 7).

Le RGPD n'est pas non plus applicable aux activités qui relèvent du champ d'application du chapitre 2 du titre V du traité sur l'Union européenne et aux traitements de prévention et de détection des infractions pénales, d'enquêtes et de poursuite qui font l'objet de la Directive 2016/680 du 27 avril 2016.

Synthèse sur les données

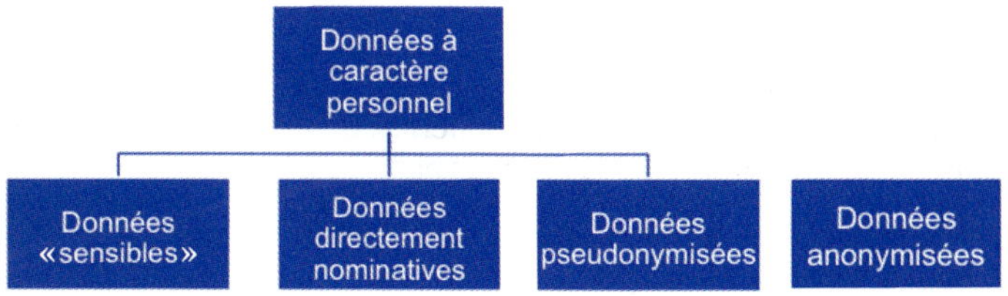

Le champ d'application géographique

Le RGPD est **applicable aux organismes établis en Europe mais pas seulement**. Afin de garantir aux résidents européens, un niveau de protection des données équivalent quel que soit le lieu de traitement de leurs données, le législateur a doté le RGPD d'un **effet extraterritorial** (art. 3).

Les organismes établis sur le territoire de l'Union européenne

Le RGPD « s'applique au traitement des données à caractère personnel effectué dans le cadre des activités **d'un établissement d'un responsable du traitement ou d'un sous-traitant sur le territoire de l'Union, que le traitement ait lieu ou non dans l'Union** ». Le considérant 22 précise que « l'établissement suppose l'exercice effectif et réel d'une activité au moyen d'un dispositif stable. La forme juridique retenue (...) qu'il s'agisse d'une succursale ou d'une filiale ayant la personnalité juridique n'est pas déterminante à cet égard ».

Les dispositions du RGPD sont cohérentes avec la décision de la Cour de justice de l'Union européenne du 1er octobre 2015 (Weltimmo c/ NAIH, n° C-230/14) qui, à cette occasion, avait retenu une définition souple de la notion d'établissement et relever qu'elle s'étend à toute activité réelle et effective, même minime exercée au moyen d'une installation stable. Elle n'est donc pas liée à un éventuel enregistrement administratif.

Les organismes traitant des données personnelles de résidents européens

Même dans l'hypothèse où un organisme ne serait pas établi sur le territoire de l'Union européenne, il peut être soumis aux dispositions du RGPD s'il met en œuvre des activités de traitements liées :

- « à l'offre de biens ou de services à [d]es personnes concernées dans l'Union, qu'un paiement soit exigé ou non desdites personnes ou
- au suivi du comportement de ces personnes, dans la mesure où il s'agit d'un comportement qui a lieu au sein de l'Union ».

Les traitements mis en œuvre doivent donc présenter l'une de ces caractéristiques. Les entreprises ou organismes étrangers qui collectent des données sur des personnes résidents en Europe (par exemple par l'intermédiaire d'un site web) rentrent donc potentiellement dans le périmètre d'application du RGPD.

Le considérant 23 précise qu'« afin de déterminer si un (...) responsable du traitement ou sous-traitant offre des biens ou des services à des personnes concernées qui se trouvent dans l'Union, il y a lieu d'établir s'il est clair que [cet organisme] **envisage d'offrir des services à des personnes concernées dans un ou plusieurs États membres de l'Union** ». Selon le législateur, la simple accessibilité du site internet, d'une adresse électronique ou d'autres coordonnées ou « l'utilisation d'une langue généralement utilisée dans le pays tiers où le responsable du traitement est établi ne suffit pas pour établir cette intention ». Il convient de prendre en compte des facteurs comme « l'utilisation d'une langue ou d'une monnaie d'usage courant dans un ou plusieurs États membres, avec la possibilité de commander des biens et des services dans cette autre langue ou la mention de clients ou d'utilisateurs qui se trouvent dans l'Union ». C'est donc l'**intention du responsable du traitement** ou du sous-traitant qu'il faut établir sur la base d'un **faisceau d'indices**.

C'est un peu la même démarche qui devra être utilisée pour déterminer si le responsable du traitement ou le sous-traitant entend suivre le comportement de résidents européens. A priori, ce cas vise le suivi des personnes physiques sur internet (considérant 24).

Focus sur le champ d'application territoriale des spécificités locales

Le RGPD prévoit la possibilité pour les États membres d'adopter des spécificités locales. Dans le cadre du projet de loi publié en décembre 2017, le législateur français utilise cette faculté et détermine le champ d'application géographique de ces dispositions. L'article 8 de ce projet de loi précise qu'elles « s'appliquent dès lors que la personne concernée réside en France, y compris lorsque le responsable du traitement n'est pas établi en France ». Seul le critère de résidence des personnes concernées est donc retenu à cette date.

2

Les acteurs de la protection des données

Les règles de la protection des données font intervenir différentes catégories d'acteurs, dont les missions, les prérogatives et le niveau de responsabilité varient.

Le responsable du traitement

Le responsable du traitement est « la personne physique ou morale, l'autorité publique, le service ou un autre organisme qui, seul ou conjointement avec d'autres, **détermine les finalités et les moyens du traitement** » (art. 4, 7°). Il s'agit donc de l'entreprise, de l'administration... qui décide de la mise en œuvre d'un traitement et qui de ce fait en **assume la responsabilité**.

Un texte de droit européen ou national peut également désigner un responsable du traitement (ou les critères permettant de procéder à cette désignation). En France, c'est notamment le cas du **Fichier des incidents de crédit aux particuliers** (FICP) qui est placé sous l'autorité de la Banque de France.

Le Règlement européen reconnaît également des cas de coresponsabilité, c'est-à-dire des situations dans lesquels les finalités et les moyens d'un traitement sont déterminés par deux organismes ou plus. Ces organismes sont alors qualifiés de coresponsables de traitement.

Le sous-traitant

Le sous-traitant est défini à l'article 4, 8° du RGPD comme « la personne physique ou morale, l'autorité publique, le service ou un autre organisme qui **traite des données à caractère personnel pour le compte du responsable du traitement** ». Un prestataire qui procède à des opérations de traitement au nom et pour le compte du responsable du traitement a donc la qualité de sous-traitant.

Le sous-traitant doit être **distingué du destinataire des données**. En effet, il n'est pas autorisé à utiliser les données pour son propre compte ou à les communiquer à un tiers à son initiative, sauf dispositions législatives ou réglementaires le prévoyant (v. *infra*, Les tiers autorisés).

Le considérant 18 du RGPD précise également que le Règlement s'applique « aux sous-traitants qui fournissent les moyens de traiter des données à caractère personnel pour de[s] activités personnelles ou domestiques ». Comme nous l'avons vu précédemment (v. Fiche 1), les activités purement personnelles ne sont pas soumises au RGPD. Toutefois, les solutions que les personnes concernées sont susceptibles d'utiliser à cette fin (par exemple un hébergeur ou un service de coffre-fort électronique personnel) doivent être conformes au Règlement.

À noter que si **un sous-traitant** « détermine les finalités et les moyens du traitement, il est **considéré comme un responsable du traitement** » pour ce qui le concerne (art. 28, 10). Ainsi, dans l'hypothèse où un sous-traitant réutiliserait des données communiquées par un responsable du traitement en violation du contrat, il serait responsable de cette réutilisation.

Le Data Protection Officer ou Délégué à la Protection des Données

Le **Data Protection Officer** (DPO) ou le Délégué à la Protection des Données (DPD) qui succède au Correspondant à la protection des données (CIL) est un **acteur central de la conformité au Règlement** (cf. Fiche 4).

À noter que les responsables du traitement ou sous-traitants non établis en Europe mais rentrant dans le champ d'application du Règlement doivent désigner un représentant sur le territoire de l'Union européenne (v. Fiche 1). L'article 27 précise que cette désignation doit être effectuée par écrit et qu'elle doit être assortie d'un mandat faisant du représentant le point de contact des autorités de contrôle et des personnes concernées (art. 27, 4). La désignation de ce représentant est cependant assortie d'exceptions.

Le destinataire

L'article 4, 9° définit le destinataire comme « la personne physique ou morale, l'autorité publique, le service ou tout autre organisme **qui reçoit communication de données à caractère personnel, qu'il s'agisse ou non d'un tiers** ». Le destinataire d'un traitement de données est donc la personne, le service, la direction (etc.) qui de manière habituelle reçoit communication des données. Il a été préalablement autorisé par le responsable du traitement à prendre connaissance de ces données, habilitation reposant sur le principe du moindre privilège (prévoyant une limitation des accès des utilisateurs aux seules données strictement nécessaires à l'exercice de leurs missions) et formalisée dans une politique.

Les autorités publiques qui reçoivent communication de données dans le cadre d'une mission d'enquête particulière ne sont pas considérées comme des destinataires. En droit français, elles sont qualifiées de tiers autorisés.

Les tiers autorisés

L'article 4, 10° précise ainsi qu'un tiers est « une personne physique ou morale, une autorité publique, un service ou un organisme autre que la personne concernée, le responsable du traitement, le sous-traitant et les personnes qui, **placées sous l'autorité directe du responsable du traitement ou du sous-traitant, sont autorisées à traiter les données à caractère personnel** ».

Des dispositions législatives et réglementaires spécifiques permettent à certaines administrations et autorités publiques de se faire communiquer, sous certaines conditions et dans le cadre de leur mission, des données à caractère personnel ou d'exercer un droit de communication. Ainsi, les autorités judiciaires ou l'administration fiscale peuvent solliciter un responsable du traitement pour que celui-ci leur communique des données à caractère personnel concernant leurs clients ou leurs employés. Elles recevront donc ces informations sans pour autant en être un destinataire habituel. Elles sont alors qualifiées de tiers autorisé.

Les autorités de contrôle (autorité chef de file, autorité de contrôle concernée, etc.)

Le Règlement européen introduit la possibilité pour un Groupe de sociétés établi dans plusieurs États membres de désigner une autorité de contrôle dite « autorité chef de file » qui sera compétente pour contrôler certains traitements (v. Fiche 16). **L'autorité chef de file** est définie comme « **l'autorité de contrôle de l'établissement principal ou de l'établissement unique du responsable du traitement ou du sous-traitant** » (art. 56, 1).

L'introduction de cette nouvelle autorité n'a pas pour autant pour effet de priver l'autorité de contrôle locale sur le territoire de laquelle le dommage serait survenu de toutes prérogatives, l'autorité est alors dite « concernée ».

Une autorité est dite « concernée » dans les hypothèses suivantes (art. 4, 22) :

- le responsable du traitement ou le sous-traitant en cause est établi sur le territoire de l'État membre dont cette autorité de contrôle relève ;
- des personnes concernées résidant dans l'État membre de cette autorité de contrôle sont sensiblement affectées par le traitement ou sont susceptibles de l'être ;
- une réclamation a été introduite auprès de cette autorité.

Cette distinction entre autorité chef de file et autorité concernée ne sera applicable que dans les cas où un organisme aura désigné une autorité chef de file. Elle n'est donc pas applicable à toutes les situations, ce qui a conduit le législateur européen à utiliser d'une manière générique la notion d'« **autorité compétente** », à charge pour le lecteur de déterminer celle-ci.

À noter enfin que les éditeurs de logiciel et les fournisseurs de produits ne sont pas stricto sensu soumis aux dispositions du RGPD, s'ils ne traitent pas de données à caractère personnel. Toutefois, les produits et services qu'ils développent et mettent à la disposition de leurs clients influencent la capacité de ces derniers à respecter leurs obligations au titre du RGPD. Dès lors, on peut imaginer que le marché sera une source de régulation de ces acteurs.

Les personnes concernées

Il s'agit des personnes dont on traite les données (clients, prospects, etc.).

Le RGPD prévoit également des dispositions spécifiques pour les enfants et le G29 crée une catégorie de personnes dites vulnérables dont font notamment partie les salariés.

Le Contrôleur Européen de la Protection des Données

Il s'agit de l'organe de contrôle des institutions européennes en matière de protection des données. Il est donc **compétent pour contrôler les pratiques** de ces institutions **en matière de protection des données**. Le Règlement l'investit cependant de nouvelles missions. **Il devient, en effet, le secrétariat du Comité Européen de la Protection des Données** (CEPD) (v. Fiche 17).

Le Groupe de l'article 29 ou G29

Ce groupe créé par l'article 29 de la Directive 95/46/CE dont il tire son nom, est un organe consultatif et indépendant regroupant l'ensemble des autorités de contrôle, le Contrôleur Européen de la Protection des Données et la Commission européenne. Il émet des avis et des recommandations.

Dans le cadre de la réforme, il devient le **Comité Européen de la Protection des Données** (CEPD - v. Fiche 17).

3

Les principes fondamentaux de la protection des données

Tout traitement de données à caractère personnel doit respecter les principes fondamentaux énoncés à l'article 6 du RGPD. Ces derniers s'inscrivent dans la continuité de la Directive 95/46/CE et de la loi *Informatique et Libertés*.

Il convient donc d'analyser l'ensemble des traitements à la lumière de ces principes avant toute collecte de données. Cette analyse devra être documentée afin de répondre aux exigences d'« **Accountability** » (v. Fiche 7).

Le principe de limitation des finalités

Les données sont « collectées pour des **finalités déterminées, explicites et légitimes**, et ne pas être traitées ultérieurement d'une manière incompatible avec ces finalités ». **La finalité correspond à l'objectif poursuivi par le responsable du traitement** dans le cadre de la mise en œuvre d'un outil ou d'un logiciel (par exemple la gestion de la paie, la mise en place d'un programme de fidélité, etc.). Une **même collecte** de données peut répondre à **plusieurs objectifs distincts**.

La ou les **finalités doivent être** :

- « **déterminées** » préalablement, ce qui exclut toute collecte de données au hasard ou à des fins préventives ;
- « **explicites** », c'est-à-dire communiquées à la personne concernée (v. Fiche 13 sur les droits des personnes concernées) ;
- et « **légitimes** » par rapport à l'activité de l'organisme mettant en œuvre le traitement (ainsi, une société de droit privé ne peut pas prétendre tenir un casier judiciaire).

Un traitement ultérieur pour une autre finalité peut être possible sous certaines conditions. Une réutilisation des données « à des fins archivistiques dans l'intérêt public, à des fins de recherche scientifique ou historique ou à des fins statistiques » effectuée conformément à l'article 89 du RGPD, sera présumée compatible avec les finalités initiales.

En cas de réutilisation des données pour une autre finalité sans précautions, l'organisme est susceptible de voir sa responsabilité engagée pour détournement de finalité. La CNIL a, ainsi, déjà sanctionné un théâtre pour avoir réutilisé des données collectées dans le cadre de la gestion des abonnements et d'envoi de newsletter à des fins de communication politique (délibération de la CNIL n° 2015-040 du 12 février 2015).

Le principe de licéité, de loyauté et de transparence

Les données doivent être « **traitées de manière licite, loyale et transparente au regard de la personne concernée** ».

Pour être licite un traitement de données doit reposer sur un fondement, c'est-à-dire répondre à l'une des conditions énoncées à l'article 7. La personne concernée doit consentir au traitement ou celui-ci doit être nécessaire :

- à l'exécution de mesures contractuelles ou précontractuelles prises à sa demande ;
- au respect d'une obligation légale s'imposant au responsable du traitement ;
- à la sauvegarde de la vie de la personne concernée ou d'une autre personne ;
- à l'exécution d'une mission d'intérêt public ou relevant de l'exercice de l'autorité publique dont est investi le responsable du traitement ;
- aux fins des intérêts légitimes poursuivis par le responsable du traitement ou par un tiers, à moins que ne prévalent les intérêts ou les libertés et droits fondamentaux de la personne concernée.

L'exigence de loyauté et de transparence renvoie à l'information des personnes concernées (v. Fiche 13) et vise à éviter les traitements occultes ou cachés. Un traitement déloyal exposera son auteur à un risque de sanction.

La minimisation des données

Les données doivent être « **adéquates, pertinentes et limitées** à ce qui est nécessaire au regard des finalités pour lesquelles elles sont traitées ».

Également appelé **principe de proportionnalité**, il vise à garantir que l'ensemble des données collectées est strictement nécessaire par rapport à l'objectif poursuivi et à exclure toute collecte réalisée au cas où ces données se révéleraient utiles a posteriori. La CNIL a déjà sanctionné des organismes pour collecte excessive de données notamment dans le cadre de zones de texte libre.

Exemple

Un bailleur social qui stockait dans les zones commentaires d'un outil permettant de réaliser des opérations de vente et de location des données qualifiées d'excessive par la CNIL notamment des informations sur la santé des locataires, délibération n° 2011-205 du 6 octobre 2011.

L'exactitude des données

Les données doivent être « **exactes** et, si nécessaire, **tenues à jour** ; toutes les mesures raisonnables doivent être prises pour que les données à caractère personnel qui sont inexactes, eu égard aux finalités pour lesquelles elles sont traitées, soient effacées ou rectifiées sans tarder – doit avoir du sens par exemple pas de correction d'historiques si exactes ».

Le responsable du traitement doit donc s'assurer que les données dont il dispose sont exactes et, le cas échéant, supprimer les données obsolètes. Dans certains cas, il devra mettre en place des mesures permettant de s'assurer que les données sont toujours d'actualité (par exemple demander régulièrement à ces clients si leurs données sont à jour, mettre en place une procédure d'actualisation de l'adresse en cas de retour de courrier avec la mention n'habite pas à l'adresse indiquée, etc.).

La limitation de la conservation

Les données sont « conservées sous une forme permettant l'identification des personnes concernées pendant une **durée n'excédant pas celle nécessaire au regard des finalités pour lesquelles elles sont traitées** ». Elles ne peuvent donc pas être stockées *ad vitam aeternam* mais pour une **durée déterminée, permettant de répondre à la finalité du traitement**.

Une conservation plus longue est possible sous réserve que les données soient « traitées exclusivement à des fins archivistiques dans l'intérêt public, à des fins de recherche scientifique ou historique ou à des fins statistiques conformément à l'article 89, 1, pour autant que soient mises en œuvre les mesures techniques et organisationnelles appropriées requises par le présent règlement afin de garantir les droits et libertés de la personne concernée ».

En termes de conservation, on distingue généralement :

- la conservation des données en « **base active** » lorsqu'elles sont nécessaires à la réalisation d'une tâche ou au fonctionnement d'un process ;
- l'**archivage intermédiaire** lorsque les données ne sont plus nécessaires au quotidien mais qu'elles doivent être conservées en cas de contentieux ;
- l'**archivage définitif** généralement à des fins d'archives ou historiques.

Par exemple en matière de ressources humaines les données relatives à un collaborateur seront conservées en base active pendant toute la durée de sa présence dans l'entreprise ; en cas de départ, elles seront basculées en archives intermédiaires afin de réduire le périmètre des utilisateurs susceptibles d'en prendre connaissance.

L'**anonymisation des données** est également un **moyen permettant de conserver une partie des informations au-delà de la durée de conservation initialement prévue**. Elle doit cependant être irréversible.

Le principe d'intégrité et de confidentialité

Les données doivent être « traitées de façon à **garantir une sécurité appropriée des données à caractère personnel**, y compris la protection contre le traitement non autorisé ou illicite et contre la perte, la destruction ou les dégâts d'origine accidentelle, **à l'aide de mesures techniques ou organisationnelles appropriées** ».

Le Règlement érige l'intégrité et la confidentialité des données en **principes fondamentaux** afin de renforcer leur importance mais ces notions figuraient déjà dans la Directive et la loi *Informatique et Libertés*.

Le principe de finalité est donc au cœur de l'analyse ; l'appréciation des données nécessaires pour atteindre cet objectif, tout comme de leur durée de conservation ou la détermination des mesures de sécurité et de confidentialité à mettre en place découlent logiquement de ce principe. C'est donc autour de la notion de finalité que s'articule l'ensemble des principes de la protection des données.

À noter enfin que les traitements comportant certaines données font l'objet de **mesures particulières** en raison de leur impact potentiel pour la vie privée et les droits et libertés des personnes concernées. Ces **données dites « sensibles »** ou portant sur des **catégories dites « particulières »** concernent « l'origine raciale ou ethnique, les opinions politiques, les convictions religieuses ou philosophiques ou l'appartenance syndicale, ainsi que le traitement des données génétiques, des données biométriques aux fins d'identifier une personne physique de manière unique, des données concernant la santé ou des données concernant la vie sexuelle ou l'orientation sexuelle d'une personne physique sont interdits » (RGPD, art. 9). Il convient, en outre, d'y ajouter les **données de condamnations pénales et d'infraction** visées à l'article 10 (v. Fiche 6 sur les données sensibles).

Le Data Protection Officer (DPO) ou le Délégué à la Protection des Données (DPD) succède au Correspondant à la protection des données (CIL) dont la désignation en France était jusqu'alors facultative. Obligatoire dans certains cas, il devient, selon le G29, **un acteur central « pour faciliter la conformité avec les dispositions du RGPD »**.

Les dispositions relatives au DPO figurent aux articles 37 à 39 du RGPD. Afin d'aider à l'interprétation de ces dispositions, le G29 a publié, puis adoptées le 5 avril 2017, des lignes directrices sur le délégué à la protection des données.

Qui peut désigner un DPO ?

La désignation d'un DPO est obligatoire pour :

- les autorités publiques ou organismes publics (à l'exception des juridictions agissant dans l'exercice de leur fonction juridictionnelle) ;
- les entreprises dont « les activités de base (...) consistent en des opérations de traitement, qui du fait de leur nature, de leur portée et/ou de leurs finalités, exigent un suivi régulier et systématique à grande échelle des personnes concernées » ;
- « Les activités de base du responsable du traitement ou du sous-traitant consistent en un traitement à grande échelle de catégories particulières de données » (ces données sont mentionnées à l'article 9 du RGPD) ou de données relatives à des condamnations pénales et à des infractions (visées à l'article 10).

La notion d'« activité de base du responsable du traitement ou du sous-traitant » pose un certain nombre de difficultés d'interprétations. Le G29 vient préciser que ces activités « peuvent être considérées comme les opérations essentielles nécessaires pour atteindre les objectifs » de l'organisme. On peut en déduire qu'il s'agit des activités de traitement intrinsèquement liées à l'activité de l'organisme, qui doivent être distinguées des simples activités auxiliaires ou de support (ainsi toute entreprise met en œuvre des traitements de données pour rémunérer ses collaborateurs, pour autant cette activité ne constitue pas une « activité de base » au sens du RGPD).

La notion de grande échelle est également problématique car elle n'est pas définie. Le considérant 91 donne quelques indications et le G29 précise qu'il convient de prendre en compte le nombre de personnes concernées, le volume de données ou le périmètre des données traitées, la durée du traitement et l'étendue géographique de l'activité.

Une entreprise peut également désigner un DPO hors cas mentionné ci-dessus de manière volontaire. Dans ce cas, son statut et ses missions seront identiques à celles d'un DPO désigné à titre obligatoire.

Qui peut être DPO ?

Le RGPD précise que le DPO « est désigné sur la base de ses **qualités professionnelles** et, en particulier, de ses **connaissances spécialisées du droit et des pratiques en matière de protection des données**, et de sa **capacité à accomplir les missions** » (art. 37). Le DPO doit donc faire état d'un certain niveau de connaissance en matière de protection des données lui permettant d'accomplir sa mission dans son secteur d'activité. À cette date, la CNIL n'a pas fixé d'exigences en termes de niveau ou de parcours de formation.

Il peut s'agir d'un **membre du personnel ou d'un prestataire externe**. Le Règlement supprime la limite selon laquelle lorsque plus de cinquante personnes étaient chargées de la mise en œuvre ou avaient accès aux traitements de données, l'organisme était tenu de désigner un membre de son personnel.

Il est également possible de **mutualiser un DPO entre plusieurs entités d'une même organisation**. Un Groupe d'entreprise peut désigner un seul DPO sous réserve qu'il soit « facilement joignable à partir de chaque lieu d'établissement », ce qui peut poser des difficultés pratique en termes de langues ou d'éloignement géographique (par exemple en cas de contrôle sur place d'une autorité). La même possibilité est offerte aux autorités et organismes publics, sous réserve de « tenir compte de [leur] structure organisationnelle ou de [leur] taille ».

Le responsable du traitement ou le sous-traitant publient les coordonnées du délégué à la protection des données et les communiquent à l'autorité de contrôle.

Les missions du DPO

Ces missions sont listées à l'article 39. Le DPO doit :

- « **informer et conseiller** le responsable du traitement ou le sous-traitant ainsi que [leurs] employés (...) [des] obligations qui leur incombent en vertu du présent règlement et d'autres dispositions du droit de l'Union ou du droit des États membres en matière de protection des données » ;
- « **contrôler le respect du présent règlement**, d'autres dispositions du droit de l'Union ou du droit des États membres en matière de protection des données et des règles internes du responsable du traitement ou du sous-traitant en matière de protection des données à caractère personnel, y compris en ce qui concerne la répartition des responsabilités, la sensibilisation et la formation du personnel participant aux opérations de traitement, et les audits s'y rapportant » ;

- « **dispenser des conseils**, sur demande, en ce qui concerne l'analyse d'impact relative à la protection des données et vérifier l'exécution de celle-ci en vertu de l'article 35 » ;
- **coopérer avec l'autorité de contrôle** ;
- **faire office de point de contact** (notamment dans le cadre de la procédure de consultation préalable prévue à l'article 36) pour l'autorité de contrôle et les personnes concernées. À cette fin, « le responsable du traitement ou le sous-traitant **publient les coordonnées du délégué à la protection des données et les communiquent à l'autorité de contrôle** ».

Le DPO a donc un double rôle de conseil et de contrôle, de l'application du Règlement. Son périmètre apparaît particulièrement large, il doit, en effet, connaître l'ensemble des dispositions européennes et nationales relatives à la protection des données et applicables à son activité.

Il peut exercer d'autres missions, toutefois, celles-ci ne doivent pas entraîner de conflit d'intérêts avec sa fonction de DPO. Ainsi, il **ne peut pas exercer de tâche le conduisant à définir les finalités et les moyens de traitement de données à caractère personnel**. Le G29 cite de manière non exhaustive dans ces lignes directrices les fonctions de « directeur général, directeur opérationnel, directeur financier, médecin-chef, responsable du département marketing, responsable des ressources humaines ou responsable du service informatique ».

Exemple

La Commission de protection des données du land de Bavière a déjà sanctionné, en octobre 2016, un responsable du traitement ayant désigné le responsable informatique en tant que DPO soulignant que celui-ci ne pouvait pas remplir ses missions et avoir des responsabilités opérationnelles significatives en matière de traitement de données.

Le responsable du traitement et le sous-traitant veillent à ce que le délégué à la protection des données ne reçoive aucune instruction en ce qui concerne l'exercice des missions.

Les modalités d'exercice de sa mission

Le responsable du traitement et le sous-traitant aident le délégué à la protection des données à exercer ses missions en lui fournissant des ressources nécessaires, l'accès aux données à caractère personnel et aux traitements et en « lui permettant d'entretenir ses connaissances spécialisées ».

Il est **soumis au secret professionnel** ou à une **obligation de confidentialité**.

Le consentement des personnes concernées

Tout traitement de données à caractère personnel doit pour être licite reposer sur un fondement (v. Fiche 2). Le **consentement des personnes concernées donné « pour une ou plusieurs finalités spécifiques »** est l'un de ces fondements.

Face à certaines pratiques consistant à pré-cocher des cases d'acceptation, à obtenir des consentements tacites ou à noyer des recueils de consentement au milieu de conditions générales illisibles, le législateur européen à souhaiter rendre toute sa valeur au consentement de la personne concernée qui doit être « une manifestation de volonté libre, spécifique, éclairée et univoque » par laquelle un individu accepte que ses données fassent l'objet d'un traitement (art. 4, 11).

La notion de consentement intervient à plusieurs reprises dans le cadre du RGPD et des règles spécifiques s'y appliquent.

Les caractéristiques du consentement

Libre

Ainsi, « le consentement ne constitue pas un fondement juridique valable pour le traitement de données à caractère personnel dans un cas particulier lorsqu'il existe un déséquilibre manifeste entre la personne concernée et le responsable du traitement, en particulier lorsque le responsable du traitement est une autorité publique » (considérant 43). Le consentement ne pourra pas être libre si la personne n'est pas en mesure de refuser ou de retirer son consentement sans subir un préjudice (par exemple un coût supplémentaire, une diminution de la performance d'un service, etc.).

Spécifique

Il doit être donné pour **une finalité précise et de manière granulaire**. Ainsi, il ne semble pas possible d'obtenir un seul consentement pour un groupe de traitement ayant des finalités distinctes.

Éclairé

La personne concernée doit **avoir été informée préalablement au recueil de son consentement** afin de pouvoir le **donner en toute connaissance de cause**. Le G29 dans ses lignes directrices sur le consentement, publiées le 28 novembre 2017, considère qu'il convient a minima d'indiquer à la personne concernée :

- l'identité du responsable du traitement ;
- la finalité de chaque traitement de données pour lequel le consentement est recueilli ;
- les catégories de données collectées et utilisées ;
- l'existence du droit de retirer son consentement ;

- l'existence d'une prise de décision automatisée, incluant une mesure de profilage ;
- si le consentement concerne des transferts de données, les risques potentiels inhérents à un transfert vers un pays tiers en l'absence d'une décision d'adéquation ou d'une garantie appropriée.

Comme pour toute communication à l'intention des personnes concernées, ce message doit être communiqué dans un **langage clair, accessible et compréhensible**.

Univoque

Il doit être « **donné par un acte positif clair** » (considérant 32). Il peut prendre la forme d'une déclaration écrite, orale, d'une case à cocher ou « **en optant pour certains paramètres techniques pour des services de la société de l'information** » (considérant 32). C'est donc la fin des cases cochées par défaut ou des consentements tacites résultant d'une inactivité de la personne concernée.

Les conditions applicables au consentement

Le responsable du traitement doit être en mesure de « démontrer que la personne concernée a donné son consentement au traitement de données à caractère personnel la concernant » (art. 7, 1). Le considérant 42 précise qu'il doit être « en mesure de prouver que **ladite personne a consenti à l'opération de traitement** ». Il ne s'agit donc pas uniquement de démontrer que la procédure applicable comportait un recueil de consentement répondant aux caractéristiques prévues par le RGPD mais d'apporter la preuve qu'un individu donné a consenti.

À noter que la charge de la preuve incombe au responsable du traitement. Le G29 recommande d'enregistrer ces consentements avec leur date et leur mode de collecte et d'y associer l'information communiquée à la personne concernée.

Si le consentement doit être recueilli dans le « cadre d'une déclaration écrite qui concerne d'autres questions, la demande de consentement est présentée sous une forme qui la distingue clairement de ces autres questions » (art. 7, 2). Le consentement au traitement des données doit ainsi être distinct de l'acceptation d'un contrat. Le G29 précise clairement dans ses lignes directrices que l'acceptation de conditions générales ne saurait être considérée comme un acte positif clair exprimant un consentement à un traitement de données à caractère personnel.

La personne concernée a le droit de **retirer son consentement à tout moment** et il doit être aussi simple de retirer son consentement que de le donner (art. 7, 3).

Le consentement a-t-il une durée de validité ? Le RGPD ne prévoit **pas de durée de validité** du consentement mais le G29 recommande de le renouveler à intervalle approprié.

Le consentement explicite

Le RGPD prévoit trois cas dans lesquels le **consentement doit être renforcé** :

- en cas de collecte de données relevant d'une catégorie particulière au sens de l'article 9 (v. Fiche 6) ;
- en cas de transfert de données vers un pays tiers ou une organisation internationale et en l'absence de mesures de protection appropriées dans le cadre de l'article 49 (v. Fiche 9) ;
- en cas de prise de décision individuelle automatisée, incluant un profilage (art. 22 ; v. Fiche 14).

Dans ces hypothèses, le consentement doit être explicite, ce qui sous-entend un renforcement de l'expression de la volonté de la personne concernée par rapport au consentement « simple/ordinaire » relevant de l'article 6. Dans la mesure où l'article 6 exclut les consentements tacites, l'interprétation de cette disposition peut poser certaines difficultés. Dans le cadre de ses lignes directrices, le G29 indique que ce consentement peut être recueilli via une **déclaration écrite** de la personne concernée ou un **process d'authentification à deux facteurs** (par mail et par SMS par exemple).

À noter que les autres conditions relatives au consentement s'appliquent également à ce consentement renforcé.

Le consentement et les enfants

Le GDPR prévoit des **dispositions spécifiques pour protéger les personnes vulnérables**, en particulier les enfants, c'est-à-dire les **mineurs âgés de moins de 16 ans**. Dans l'hypothèse où le consentement d'un mineur serait requis pour un traitement relatif à « l'offre directe de services de la société de l'information aux enfants », le traitement de leurs données ne sera pas licite si l'enfant est âgé de moins de 16 ans. Dans le cas contraire, il faudra recueillir le consentement ou l'autorisation du titulaire de l'autorité parentale.

Cet article n'est donc pas applicable à tout traitement de données concernant des enfants mais uniquement à ceux concernant l'offre directe de services de la société de l'information. Cette notion résultant de la Directive 2015/1535 couvre « tout service fourni, normalement contre rémunération, à distance au moyen d'équipement électronique de traitement (y compris la compression numérique) et de stockage des données, à la demande individuelle d'un destinataire de services ».

L'âge des mineurs fait partie des dispositions pour lesquelles les États membres peuvent adopter des spécificités locales, sous réserve de ne pas l'abaisser en dessous de 13 ans. Dans le cadre du projet de loi relatif à la protection des données personnelles, le gouvernement avait choisi de ne pas faire usage de cette faculté. Les députés par voie d'amendement ont cependant choisi de l'abaisser à 15 ans (art. 14 A), disposition supprimée par le Sénat.

Les données « sensibles »

Certains types de données font l'objet d'un régime particulier en raison de leur impact potentiel pour les droits et libertés des personnes concernées. Historiquement qualifiées de « **données sensibles** », le RGPD les regroupe en deux catégories :

- les catégories particulières de données mentionnées à l'article 9 ;
- les données d'infraction figurant à l'article 10.

Quelles sont les données relevant des catégories particulières ?

Il s'agit des données « qui révèle[nt] l'origine raciale ou ethnique, les opinions politiques, les convictions religieuses ou philosophiques ou l'appartenance syndicale, ainsi que le traitement des données génétiques, des données biométriques aux fins d'identifier une personne physique de manière unique, des données concernant la santé ou des données concernant la vie sexuelle ou l'orientation sexuelle d'une personne physique ».

La notion de données de santé suscitant beaucoup de débats, le législateur européen a profité de ce texte pour en donner une définition, ainsi que des données génétiques et biométriques.

Données génétiques	« les données à caractère personnel relatives aux caractéristiques génétiques héréditaires ou acquises d'une personne physique qui donnent des informations uniques sur la physiologie ou l'état de santé de cette personne physique et qui résultent, notamment, d'une analyse d'un échantillon biologique de la personne physique en question »
Données biométriques	« les données à caractère personnel résultant d'un traitement technique spécifique, relatives aux caractéristiques physiques, physiologiques ou comportementales d'une personne physique, qui permettent ou confirment son identification unique, telles que des images faciales ou des données dactyloscopiques »
Données concernant la santé	« les données à caractère personnel relatives à la santé physique ou mentale d'une personne physique, y compris la prestation de services de soins de santé, qui révèlent des informations sur l'état de santé de cette personne »

Quelles sont les règles applicables à ces données ?

Le RGPD

Par principe, **le traitement de ce type de données est interdit**. L'article 9,2 prévoit **cependant une liste d'exceptions** permettant dans certaines circonstances de procéder à leur traitement. Ainsi, il sera possible de traiter ce type de données notamment si :

- la personne concernée a donné « **son consentement explicite (...) pour une ou plusieurs finalités spécifiques** », sauf si le droit de l'Union ou le droit de l'État membre prévoit que cette interdiction ne peut pas être levée par la personne concernée ;
- « le traitement est **nécessaire** aux fins de l'exécution des obligations et de l'exercice des droits propres au responsable du traitement ou à la personne concernée **en matière de droit du travail, de la sécurité sociale et de la protection sociale, dans la mesure où ce traitement est autorisé par le droit de l'Union, par le droit d'un État membre ou par une convention collective** conclue en vertu du droit d'un État membre qui prévoit des garanties appropriées pour les droits fondamentaux et les intérêts de la personne concernée » ;
- « le traitement est nécessaire à la **sauvegarde des intérêts vitaux de la personne concernée ou d'une autre personne physique**, dans le cas où la personne concernée se trouve dans l'incapacité physique ou juridique de donner son consentement », etc.

À noter que les dispositions de l'article 9 concernant le traitement de données génétiques, biométriques ou de santé font partie de la liste des règles pouvant donner lieu à l'introduction de spécificités locales (incluant une possible limitation des conditions dans lesquelles ces données peuvent faire l'objet d'un traitement).

Les spécificités françaises

Le projet de loi relatif à la protection des données personnelles dans son article 13 prévoit ainsi des règles spécifiques applicables aux données de santé.

Ces règles ne seront cependant pas applicables à tous traitements de données de santé (le futur article 53 de la loi *Informatique et Libertés* (LIL) prévoit, en effet, d'exclure certains traitements comme ceux effectués par les agences régionales de santé dans le cadre défini par le Code de la santé publique). Pour les autres, le législateur prévoit l'adoption par la CNIL de référentiels et règlements types dédiés. Les traitements conformes à ces référentiels pourront être mis en œuvre sous réserve d'adresser à la CNIL au préalable une déclaration de conformité. Les traitements non conformes devront quant à eux faire l'objet d'une autorisation préalable de la CNIL.

Les traitements mis en œuvre à des fins de recherche, d'étude ou d'évaluation dans le domaine de la santé restent soumis à un régime spécifique (figurant au futur article 61 de la LIL).

Les traitements mis en œuvre pour le compte de l'État agissant dans l'exercice de ses prérogatives de puissance publique qui portent sur des données génétiques ou biométriques nécessaires à l'authentification ou au contrôle de l'identité des personnes sont autorisés par décret en Conseil d'État pris après avis publié et motivé de la CNIL.

Les données relatives aux condamnations pénales et aux infractions

L'article 10 du RGPD précise que « Le traitement des données à caractère personnel relatives aux condamnations pénales et aux infractions ou aux mesures de sûreté connexes fondées sur l'article 6, paragraphe 1, ne peut être effectué que sous le contrôle de l'autorité publique, ou si le traitement est autorisé par le droit de l'Union ou par le droit d'un État membre qui prévoit des garanties appropriées pour les droits et libertés des personnes concernées. Tout registre complet des condamnations pénales ne peut être tenu que sous le contrôle de l'autorité publique ». Cette disposition vise à interdire les casiers judiciaires privés.

L'article 11 du projet de loi précise que les condamnations visées sont uniquement de nature pénale. Cette clarification met fin à la confusion résultant de l'ancien texte qui interdisait tout traitement d'infractions ou de condamnations y compris civiles, ce qui pouvait poser des difficultés à une entreprise souhaitant traiter des données à des fins de recouvrement ou de gestion de son contentieux prud'homal.

Focus sur le Numéro de Sécurité Sociale

L'article 87 du RGPD prévoit que « les États membres peuvent préciser les conditions spécifiques du traitement d'un numéro d'identification national ou de tout autre identifiant d'application générale ». Le numéro d'inscription au répertoire des personnes physiques (NIR) également appelé numéro de sécurité sociale a un statut particulier en France. Le projet d'interconnecter l'ensemble des fichiers administratifs français via ce numéro unique est, en effet, à l'origine de l'article du *Monde* du 21 mars 1974 « Safari » ou la chasse aux français ayant abouti à la création de la CNIL en 1978.

Le législateur a donc saisi l'opportunité de maintenir le statut particulier du NIR et encadre à l'article 9 du projet de loi relatif à la protection des données personnelles les conditions de son traitement. Un décret en Conseil d'État pris après avis motivé et publié de la CNIL fixera les catégories de responsable du traitement et les finalités pour lesquelles il sera possible de traiter ce numéro. Le texte prévoit cependant trois exceptions notamment pour les téléservices de l'administration.

Le RGPD introduit dans le corpus de règles applicables en matière de protection des données la notion d'« **Accountability** », souvent traduit en français par « **principe de responsabilité** ». Ce concept apparu dans les lignes directrices de l'OCDE du 23 septembre 1980, principe transverse à l'ensemble du Règlement, est une **nouveauté majeure**. Il matérialise également le changement de paradigme découlant de cette réforme, c'est-à-dire le basculement d'un régime de formalité préalable statique à un régime de conformité globale dynamique. Le Règlement supprime en effet la majorité des formalités préalables, la « fameuse » déclaration CNIL.

Le principe

L'article 24 précise que « le responsable du traitement met en œuvre des mesures techniques et organisationnelles appropriées **pour s'assurer et être en mesure de démontrer que le traitement est effectué conformément au présent règlement** ». Le responsable du traitement doit donc adopter des règles internes pour garantir le respect du Règlement. Il doit, en outre, être en mesure de démontrer à tout moment qu'il respecte les principes du RGPD. Cette exigence de preuve représente donc un investissement et une charge qui risque d'être plus importante que l'obligation de notification des traitements auprès de l'autorité de contrôle.

Le considérant 74 va jusqu'à préciser que le responsable du traitement doit être « à même de **démontrer la conformité des activités de traitement (...), y compris l'efficacité des mesures** » ce qui laisse à penser que la preuve de la mise en place des mesures ne sera pas suffisante pour satisfaire cette exigence, mais qu'il faudra également démontrer l'efficacité de celles-ci.

Ces mesures doivent être définies en tenant compte « de la nature, de la portée, du contexte et des finalités du traitement ainsi que des risques, dont le degré de probabilité et de gravité varie, pour les droits et libertés des personnes physiques ». Elles sont « réexaminées et actualisées si nécessaire ». Il s'agit donc d'un **processus dynamique de mise en conformité permanent** qui impose que l'entreprise évalue et contrôle régulièrement le dispositif mis en place.

Ce principe se traduit par la **définition de politiques de protection des données et de sécurité des systèmes d'information**, d'un **registre des activités** de traitement et des violations de données et par la prise en compte des principes de ***Privacy by design*** et ***Privacy by default***.

Le Registre des activités de traitement

Dans le cadre de l'ancienne loi, les entreprises étaient tenues de notifier à la CNIL l'ensemble de leur traitement. En France, cette obligation administrative pouvait aller de la simple déclaration préalable à l'autorisation formelle. Le RGPD supprime cette obligation, sauf pour certains traitements comportant un risque pour les personnes concernées (v. Fiche 8 sur les analyses d'impact relative à la protection des données), qu'il remplace par l'obligation de tenir un registre des activités de traitement.

Ce registre rappelle le registre du Correspondant Informatique et Libertés, tenu par ce dernier pour documenter les traitements n'ayant plus besoin d'être déclaré à la CNIL du fait de sa désignation.

Le registre mentionné à l'article 30 du RGPD doit comprendre l'ensemble des traitements de l'organisme afin de lui permettre ainsi qu'« à l'autorité de contrôle de disposer, sur demande, d'une vue d'ensemble de toutes les activités de traitement de données à caractère personnel [qu'il] effectu[e] » (ligne directrice du G29 sur le DPO).

Son contenu est fixé à l'article 30 du RGPD. Le registre des activités de traitement d'un responsable du traitement devra comporter :

- le nom et les coordonnées de ce responsable et, le cas échéant du responsable conjoint du traitement, du représentant et du délégué à la protection des données ;
- les finalités des traitements ;
- les catégories de personnes concernées et de données à caractère personnel ;
- les catégories de destinataires des données ;
- les transferts de données hors Union européenne et les garanties appropriées mises en place pour permettre ces transferts.

À noter que le contenu du registre tenu par les sous-traitants diffère de celui du responsable de traitement (v. Fiche 12 sur la sous-traitance).

La tenue de ce registre figure au titre des obligations du représentant d'un responsable du traitement ou d'un sous-traitant non établis au sein de l'Union européenne.

Ce registre est placé sous la responsabilité du responsable du traitement et non du délégué à la protection des données. Le G29 dans ses lignes directrices sur le DPO précise cependant que « rien ne s'oppose à ce que le responsable du traitement ou le sous-traitant confie au [DPO] la mission de tenir [ce] registre ».

Le registre des violations de données

L'ensemble des violations de données devra être documenté. Ce registre comprend les faits, les effets et les mesures prises pour remédier à cette violation (art. 33, 5).

Les mesures organisationnelles pour garantir le respect des principes de *Privacy by design* et *by default*

Les principes de *Privacy by design* et *by default*, concepts élaborés par la Commissaire à l'information et à la protection de la vie privée de l'Ontario, Ann Cavoukian, consistent à **intégrer la protection des données dès la conception des produits et services et par défaut**.

L'article 25 précise que « le responsable du traitement met en œuvre, tant au moment de la détermination des moyens du traitement qu'au moment du traitement lui-même, des mesures techniques et organisationnelles appropriées (...) qui sont destinées à mettre en œuvre les principes relatifs à la protection des données (...) de façon effective et à assortir le traitement des garanties nécessaires ».

Le responsable du traitement doit donc **dès la conception (*by design*)**, dans le cadre de la phase projet, prendre en compte les principes de protection des données afin qu'ils soient nativement inclus dans l'application (par exemple la possibilité d'extraire des données de manière anonymisée pour faire des statistiques, d'archiver des données à l'issue d'une période à déterminer, etc.). Ces mêmes principes seront applicables en cas de sélection d'un outil proposé par un fournisseur de service (par exemple en procédant à une sélection sur la base d'un cahier des charges). La prise en compte de ce principe implique donc d'**adapter les méthodologies de gestion de projet et les process de sélection des prestataires et des outils**.

Il devra également mettre en œuvre « les mesures techniques et organisationnelles appropriées pour garantir que, par défaut, seules les données à caractère personnel qui sont nécessaires au regard de chaque finalité spécifique du traitement sont traitées ». Ce principe s'applique également à la quantité de données collectées, à l'étendue de leur traitement, etc. Le responsable du traitement doit donc **mettre en œuvre par défaut (*by default*) les principes les plus protecteurs** en matière de protection des données (par exemple ne pas stocker un login sans avoir informé et, le cas échéant, recueilli le consentement de l'intéressé, ne pas rendre un profil public par défaut, ne pas prévoir automatiquement un partage de données avec un tiers, etc.).

L'ensemble de ces analyses devront être documentées pour que le responsable du traitement soit en mesure de prouver que ces deux principes ont été respectés.

Les codes de conduite et les mécanismes de certification sont également des moyens permettant de démontrer le niveau d'accountability du responsable du traitement et du sous-traitant (v. Fiche 15).

Synthèse sur l'Accountabilité

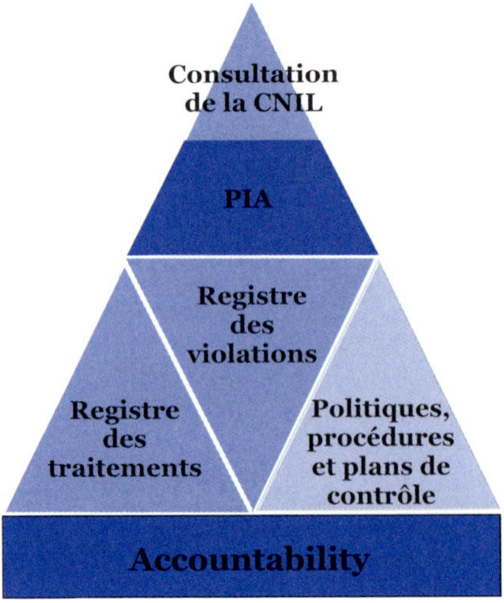

L'analyse d'impact relative à la protection des données

L'**analyse d'impact** relative à la protection des données ou *Data Protection Impact Assessment* (DPIA) est l'une des nouveautés du RGPD. Faisant partie des mesures d'Accountability à documenter, elle reflète l'approche par les risques qui irrigue l'ensemble du texte. Elle est en effet **réservée aux traitements les plus risqués** dont certains faisaient précédemment l'objet d'une autorisation de la CNIL. En fonction du résultat de cette analyse, il sera parfois nécessaire de procéder à une consultation préalable de l'autorité de contrôle.

Qu'est-ce qu'une analyse d'impact ?

Il s'agit d'une **analyse des risques pour la vie privée des personnes concernées résultant de la mise en œuvre d'un traitement de données à caractère personnel** « qui est susceptible d'entraîner des dommages physiques, matériels ou un préjudice moral » en particulier une discrimination, un vol, une usurpation d'identité, une perte financière, une atteinte à la réputation, etc. C'est donc le risque pour la personne qui doit être analysé et non le risque pour l'entreprise en cas de non-conformité.

Adopter le point de vue de la personne concernée ou de l'usager n'est pas forcément naturel et peut nécessiter de procéder à une conduite du changement.

Les traitements concernés par l'analyse d'impact

Tous les traitements de données n'ont pas à faire l'objet d'une analyse d'impact. Seuls les types de **traitements** « susceptible(s) d'**engendrer un risque élevé pour les droits et libertés des personnes physiques** » en particulier en cas de « recours à de nouvelles technologies et compte tenu de la nature, de la portée, du contexte et des finalités du traitement » doivent faire l'objet de cette analyse.

Face à l'imprécision de ces critères, l'article 35, 3 précise que cette analyse est en particulier requise en cas :

- d'**évaluation « systématique et approfondie d'aspects personnels** concernant des personnes physiques, qui est fondée sur un traitement automatisé y compris le profilage et sur la base de laquelle sont prises des décisions produisant des effets juridiques à l'égard d'une personne physique ou l'affectant de manière significative de façon similaire » ;
- de « **traitement à grande échelle de catégories particulières de données** » (art. 9) ou de « données relatives à des condamnations pénales et à des infractions » (art. 10) ;
- de « **surveillance systématique à grande échelle d'une zone accessible au public** ».

Le G29 dans le cadre de ses lignes directrices sur les analyses d'impact en date du 4 octobre 2017 a également fixé une liste de **neuf critères pour déterminer si une opération de traitement est susceptible d'engendrer « un risque élevé »**.

Ces critères sont les suivants :

- l'existence d'une évaluation ou d'un scoring ;
- une prise de décision automatisée produisant des effets juridiques ou des effets similaires significatifs ;
- une surveillance systématique ;
- des données sensibles ou données à caractère hautement personnel ;
- des données traitées à grande échelle ;
- des croisements ou combinaison de données ;
- des données concernant des personnes vulnérables ;
- l'utilisation innovante ou application de nouvelles solutions technologiques ou organisationnelles ;
- les traitements en eux-mêmes qui « empêchent [les personnes concernées] d'exercer un droit ou de bénéficier d'un service ou d'un contrat » (art. 22 et considérant 91).

Il est également prévu que les autorités de contrôle établissent et publient une liste des opérations de traitement pour lesquelles cette analyse est requise. Cette liste doit être communiquée au CEPD (v. Fiche 17). Le RGPD offre également la possibilité aux autorités de contrôle d'établir une liste des traitements non soumis à analyse d'impact.

Dans l'hypothèse où ces listes « comprennent des activités de traitement liées à l'offre de biens ou de services à des personnes concernées ou au suivi de leur comportement dans plusieurs États membres ou peuvent affecter sensiblement la libre circulation des données à caractère personnel au sein de l'Union », elles devront être soumises au mécanisme de contrôle de la cohérence (v. Fiche 17).

Dans l'hypothèse où le traitement est nécessaire au respect d'une obligation légale ou à l'exécution d'une mission d'intérêt public, les dispositions relatives aux analyses d'impact (mentionnées à l'article 35, 1 à 7) ne sont pas applicables. Cette exception est cependant soumise à plusieurs conditions :

- le traitement doit avoir une base juridique dans le droit de l'Union ou de l'État membre auquel le responsable du traitement est soumis ;
- cette disposition doit « réglemente[r] l'opération de traitement spécifique ou l'ensemble des opérations de traitement en question » ;
- une analyse d'impact relative à la protection doit avoir été faite dans le cadre de l'analyse d'impact générale réalisée dans le cadre de l'adoption de cette disposition.

En outre, cette exception peut être levée si l'État membre estime que le traitement en cause doit faire l'objet d'une analyse d'impact.

Le contenu de l'analyse d'impact

L'article 35, 7 précise qu'elle contient au moins :

- une description des « opérations de traitement envisagées et des finalités du traitement, y compris, le cas échéant, l'intérêt légitime poursuivi par le responsable du traitement » ;
- une « évaluation de la nécessité et de la proportionnalité des opérations de traitement au regard des finalités » ;
- une « évaluation des risques pour les droits et libertés des personnes » ;
- les mesures mises en place pour faire face à ces risques.

Comment faire une analyse d'impact ?

Il existe différentes méthodologies pour procéder à une analyse d'impact comme la méthode EBIOS proposée par la CNIL. Elles doivent toutes répondre à des exigences communes. L'analyse d'impact commence par une description des opérations de traitements envisagées, puis une évaluation de la nécessité et de la proportionnalité de ces opérations. Les mesures envisagées pour démontrer la conformité sont ensuite décrites. Une évaluation des risques pour les droits et libertés des personnes concernées et des mesures envisagées pour faire face à ces risques est effectuée. Enfin, l'analyse doit être documentée et suivie dans le temps. Une revue peut également être nécessaire en cas de nouveau risque ou de modification du traitement. En outre, le G29 recommande un réexamen périodique de l'analyse.

Si un DPO a été désigné, le responsable du traitement lui « demande conseil ». Les lignes directrices relatives à l'analyse d'impact précisent que le responsable du traitement est tenu de prendre conseil et que les conseils du DPO ainsi que les décisions prises par le responsable du traitement doivent être documentées (y compris dans l'hypothèse où il serait décidé de ne pas procéder à une analyse d'impact).

Le responsable du traitement, le cas échéant, demande l'avis des personnes concernées ou de leur représentant au sujet du traitement, objet de cette analyse d'impact. Cet avis peut être recueilli par différents moyens en fonction du contexte (des enquêtes, etc.).

La consultation préalable de l'autorité de contrôle

Lorsque l'analyse d'impact permet de déterminer que le traitement présente un risque élevé malgré les mesures prises par le responsable du traitement, celui-ci doit consulter la CNIL préalablement à sa mise en œuvre. On retrouve donc la notion d'approche par les risques, qui peut se révéler subjective.

Les États membres peuvent également prévoir que les responsables de traitement consultent l'autorité de contrôle et « obtiennent son autorisation préalable » en ce qui concerne les traitements réalisés dans le cadre d'une mission d'intérêt public (par exemple les traitements mis en œuvre dans le cadre de la protection sociale et de la santé publique (art. 36, 5)).

Si l'autorité de contrôle estime que le traitement envisagé « constituerait une violation du (…) Règlement, en particulier lorsque le responsable du traitement n'a pas suffisamment identifié ou atténue le risque », elle émet un **avis écrit dans un délai de huit semaines à compter de la réception de la demande** (délai qui peut être prorogé de six semaines supplémentaires en fonction de la complexité du traitement). La CNIL doit cependant informer le requérant de la prolongation du délai et des motifs du retard dans un délai d'un mois à compter de la réception de sa demande. Dans l'hypothèse où la CNIL solliciterait des informations complémentaires, cette demande de compléments d'information suspend l'écoulement des délais.

Le texte ne précise cependant pas la procédure dans l'hypothèse où la CNIL n'aurait pas de remarques ou simplement des observations mais n'aurait pas été jusqu'à qualifier le traitement (ou ses modalités de mise en œuvre) de violations du RGPD. À noter que **le silence de la CNIL ne vaut pas acceptation**.

La liste des informations à communiquer à l'autorité de contrôle figure à l'article 36, 3 et comprend une description du traitement, des mesures prises pour protéger les droits et libertés des personnes concernées et l'analyse d'impact.

Focus sur les autorisations de la CNIL

Dans le cadre du projet de loi, certaines autorisations de la CNIL ont été maintenues notamment pour certains traitements comportant dans le domaine de la santé (Projet, art. 13) et les traitements relatifs aux infractions, aux condamnations et aux mesures de sûreté, à l'exclusion de ceux qui sont mentionnés aux articles 26 et 27 de la loi Informatique et Libertés (Projet, art. 11).

Les transferts de données hors Union européenne

La libre circulation des données est une des préoccupations majeures du législateur. La volonté d'introduire une directive relative à la protection des données dans les années 1990 résulte des divergences entre les législations locales émergentes, qui étaient susceptibles d'entraver la libre circulation des informations. D'ailleurs, la directive 95/46/CE est une mesure d'harmonisation basée sur les dispositions du traité de Rome relatives au marché intérieur qui requiert la suppression des obstacles à la libre circulation des biens, des personnes, des services et des capitaux. Or, la libre circulation de ces actifs ne pouvait avoir lieu sans libre circulation des données.

On retrouve ces mêmes considérations dans le cadre du Règlement et notamment de son article 51 qui dispose que « Chaque État membre prévoit qu'une ou plusieurs autorités publiques indépendantes sont chargées de surveiller l'application du présent règlement afin de protéger les libertés et droits fondamentaux des personnes physiques à l'égard du traitement et de faciliter le libre flux des données à caractère personnel au sein de l'Union ».

Qu'est-ce qu'un transfert de données hors Union européenne ?

La notion de transfert de données n'est pas définie dans le cadre du RGPD. Le Guide de la CNIL sur ce sujet précise que l'on parle de transfert de données « lorsque ces données sont transférées depuis le territoire européen vers un ou des pays qui n'appliquent pas les dispositions [européennes en matière de protection des données]. Le transfert peut s'effectuer par communication, copie ou déplacement de données, par l'intermédiaire d'un réseau (...) ou d'un support à un autre ». Il n'est donc pas nécessaire qu'il y ait un déplacement physique des données pour qu'il y ait transfert au sens de la réglementation : un accès à distance à une base de données située en Europe est ainsi considéré comme un transfert.

L'organisme qui envoi des données à l'étranger est considéré comme l'**exportateur** des données, et celui qui en reçoit communication est qualifié d'**importateur**. Ce dernier peut avoir la qualité de sous-traitant ou de responsable du traitement.

Il doit s'agir d'un transfert hors Union européenne. L'existence d'une même législation entre États membres permet d'assurer un même niveau de protection des données en Europe. À noter que l'emploi de la terminologie hors Union européenne est réducteur. Il s'agit, en effet, des transferts de données hors Espace économique européen (EEE). Cet espace inclut l'Islande, la Norvège et le Liechtenstein qui sont membres de l'Association Européenne de Libre-Échange (AELE).

Comment mettre en place un transfert de données ?

L'article 44 du Règlement précise qu'« un transfert vers un pays tiers ou à une organisation internationale, de données à caractère personnel [...] **ne peut avoir lieu que si**, sous réserve des autres dispositions du présent règlement, les conditions définies dans le présent chapitre sont respectées ». Il convient également de s'assurer de la conformité des transferts ultérieurs de données au départ de ce pays tiers ou de cette organisation. Le Règlement propose comme la Directive plusieurs instruments pour procéder à un transfert.

Les décisions d'adéquation

Une décision d'adéquation est une décision de la Commission européenne par laquelle celle-ci constate que « le pays tiers, un territoire ou un ou plusieurs secteurs déterminés dans ce pays tiers ou l'organisation internationale en question assure **un niveau de protection adéquat** ». La reconnaissance du caractère adéquate de la législation a pour effet de permettre le transfert des données vers le destinataire aussi simplement que s'il s'agissait d'un État membre de l'Union européenne.

L'adéquation de la législation étrangère du territoire, secteur ou de l'organisation internationale est évaluée par rapport aux dispositions du RGPD. Différents critères sont pris en compte comme l'existence d'une autorité de contrôle indépendante, la possibilité pour les personnes concernées d'exercer leurs droits, etc.

La proposition de décision d'adéquation est formulée par la Commission européenne et donne lieu à un avis du CEPD conformément aux dispositions de l'article 70, 1, s). La décision est ensuite adoptée par voie d'acte d'exécution. Ce dernier doit prévoir « un mécanisme d'examen périodique au moins tous les quatre ans » du maintien du caractère adéquate de la réglementation locale. Cette exigence résulte de l'affaire Schrems et de l'invalidation du Safe Harbor par la CJUE (v. *infra*, Focus). La Commission européenne est, en outre, investie d'une mission de suivi des « évolutions dans les pays tiers et au sein des organisations internationales qui pourraient porter atteinte au fonctionnement de [ces] décisions ».

Ce mécanisme n'est pas nouveau. Plusieurs décisions d'adéquation ont été adoptées sous l'empire de la Directive 95/46/CE. Ainsi, l'Andorre, l'Argentine, le Canada, les Îles Féroé, de Man, de Guernesey, de Jersey, l'Israël, l'Uruguay et la Suisse ont été reconnu comme ayant une législation équivalente. L'article 45, 9 précise que les décisions d'adéquation prise dans le cadre de la Directive 95/46/CE « demeurent en vigueur jusqu'à leur modification, leur remplacement ou leur abrogation par une décision de la Commission ».

Certains de ces pays devront modifier leurs règles de protection des données afin d'offrir un niveau de protection équivalent au RGPD sous peine de perdre le bénéfice de cette décision.

Les mécanismes permettant d'encadrer les transferts de données

En l'absence de décision d'adéquation, il est possible de recourir à différents mécanismes pour procéder à des transferts de données personnelles hors Union européenne.

Les garanties appropriées

L'article 46 fixe une liste de ces garanties. Elles sont à classer en deux catégories, celles ne nécessitant pas d'autorisation de la part de l'autorité de contrôle et celles nécessitant de procéder à cette formalité.

Les transferts de données

Autorisation non requise	Autorisation nécessaire
Instrument juridique contraignant entre organismes publics	Des dispositions à intégrer dans des arrangements administratifs entre organismes publics
Règles d'entreprise contraignantes (BCR)	Des clauses contractuelles ad hoc
Clauses types adoptées par la Commission	
Clauses types adoptées par une autorité et approuvées par la Commission	
Un code de conduite	
Un mécanisme de certification	

Les règles d'entreprise contraignantes ou *Binding Corporate Rules* (BCR)

Les entités d'un groupe ou d'un groupe d'entreprises engagées dans une activité économique conjointe peuvent mettre en place, entre elles, des règles juridiquement contraignantes pour encadrer les transferts de données. Ces règles doivent conférer « expressément aux personnes concernées des droits opposables en ce qui concerne le traitement de leurs données » personnelles. Elles doivent également répondre aux exigences prévues à l'article 47, 2. Elles doivent ainsi comporter le détail des transferts concernés, l'application des principes généraux relatifs à la protection des données, les droits des personnes, l'acceptation par le responsable du traitement ou le sous-traitant établi sur le territoire d'un État membre d'engager sa responsabilité en cas de violation de ces règles, les procédures de réclamation, etc. Elles sont approuvées par l'autorité de contrôle compétente conformément au mécanisme de contrôle de la cohérence.

Cet outil est particulièrement approprié pour encadrer les transferts entre différentes entités d'un groupe international. Il permet en effet de mettre en place des règles globales et non des contrats pour chaque transfert.

■ Les exceptions

L'article 49 prévoit des dérogations en cas de situations particulières exigeant un transfert de données vers un pays tiers ou une organisation internationale n'ayant pas fait l'objet de décision d'adéquation et pour lesquelles il ne serait pas possible de mettre en place une garantie. Il est par exemple possible de recueillir le consentement explicite de la personne concerné au transfert envisagé, après l'avoir informé « des risques que ce transfert pouvait comporter pour elle en raison de l'absence de décision d'adéquation et de garanties appropriées ». L'exécution d'un contrat entre la personne concernée et le responsable du traitement ou dans l'intérêt de la personne concernée peut également permettre de procéder à un transfert dans ces circonstances. L'utilisation de ces dérogations doit cependant rester exceptionnelle comme le souligne le G29 dans son projet de ligne directrice publié le 6 février 2018.

Ces exceptions ne sont d'ailleurs pas nouvelles et figuraient déjà dans la Directive 95/46/CE et la loi *Informatique et Libertés*. Elles étaient déjà interprétées strictement et réservées aux transferts non massifs et non répétitifs.

L'information des personnes concernées et garanties appropriées en termes de sécurité

La mise en place de ces transferts nécessite de respecter l'ensemble des principes de protection des données et en particulier d'informer les personnes conformément aux dispositions des articles 13 et 14 (1, f). À noter que cette information doit, le cas échéant, comporter la « référence [des] garanties appropriées ou adaptées et les moyens d'en obtenir une copie ou l'endroit où elles ont été mises à disposition. Ces transferts doivent, en outre, être sécurisés.

Focus sur les transferts à destination des États-Unis

Suite à l'invalidation du Safe Harbor par la décision de la CJUE le 6 octobre 2015 (affaire Schrems), un nouvel accord a été mis en place entre l'Europe et les États-Unis pour permettre de procéder à des transferts entre ces deux pays. Le Privacy Shield a donc fait l'objet d'une décision d'adéquation en juillet 2016. La première revue de ce mécanisme a eu lieu en septembre 2017. Des améliorations ont d'ores et déjà été identifiées par les autorités de contrôle.

10 L'OBLIGATION D'ASSURER LA SÉCURITÉ ET LA CONFIDENTIALITÉ DES DONNÉES

Le Règlement érige en principe l'obligation de préserver la sécurité et la confidentialité des données. L'article 32 précise donc que le « **responsable du traitement et le sous-traitant mettent en œuvre les mesures techniques et organisationnelles appropriées afin de garantir un niveau de sécurité adapté au risque** ». Ces mesures doivent être définies en tenant compte « de l'état des connaissances, des coûts de mise en œuvre et de la nature, de la portée, du contexte et des finalités du traitement ainsi que des risques, dont le degré de probabilité et de gravité varie, pour les droits et libertés des personnes physiques ». Le Règlement mentionne notamment au titre des mesures à mettre en place, « **selon les besoins** » :

- « la pseudonymisation et le chiffrement des données,
- des moyens permettant de garantir la confidentialité, l'intégrité, la disponibilité et la résilience constantes des systèmes et des services de traitement,
- des moyens permettant de rétablir la disponibilité des données à caractère personnel et l'accès à celles-ci dans des délais appropriés en cas d'incident physique ou technique,
- une procédure visant à tester, à analyser et à évaluer régulièrement l'efficacité des mesures techniques et organisationnelles pour assurer la sécurité du traitement ».

Cette liste n'est donc pas exhaustive. Le RGPD ne prescrit pas non plus la mise en œuvre d'une solution plutôt qu'une autre. Elles ne sont donc pas absolues ou obligatoires pour tout traitement de données personnelles. Le responsable du traitement ou le sous-traitant **doit sélectionner les solutions les plus appropriées** pour prévenir les risques « que présente[nt] le traitement résultant notamment de la destruction, de la perte, de l'altération, de la divulgation non autorisée de données à caractère personnel transmises, conservées ou traitées d'une manière, ou de l'accès non autorisé à de telles données, de manière accidentelle ou illicite ». En toute logique, plus un traitement comporte des risques en raison de sa finalité ou des données traitées (données de santé, etc.), plus les mesures devront être renforcées. On retrouve donc l'approche par les risques qui sous-tend l'ensemble du RGPD.

Ces mesures portent tant sur la **sécurité physique** des locaux hébergeant les données et les supports permettant de les stocker (ordinateur, clé USB, etc.) que sur la **sécurité logique** du système d'information (déploiement de firewall, d'antivirus, etc.). Il conviendra également d'adopter des mesures organisationnelles adaptées (comme de définir une politique de sécurité des systèmes d'information, de gestion des habilitations, etc.).

En outre en matière de sécurité informatique, l'**aspect humain** est déterminant. En effet, l'ignorance de certaines procédures, leur méconnaissance ou la négligence d'un personnel peuvent permettre à un individu malveillant de pénétrer un système d'information (par exemple via un courrier électronique de hameçonnage). Il faudra donc sensibiliser et former l'ensemble des collaborateurs à cette problématique. Sensibiliser les utilisateurs est, d'ailleurs, la première recommandation de la CNIL dans son guide sur la sécurité des données personnelles.

Chaque collaborateur doit également être tenu au respect d'une obligation de confidentialité qui peut figurer dans son contrat de travail, dans le règlement intérieur de l'entreprise ou prendre la forme d'un engagement de confidentialité ad hoc.

Focus sur les mesures de sécurité à mettre en place selon la CNIL (extrait du Guide de la sécurité des données personnelles-version janvier 2018)

Recommandations	Exemples de mesures à mettre en place
Authentifier les utilisateurs	Les utilisateurs doivent être authentifiés pour n'accéder qu'aux informations dont ils ont besoin.
Gérer les habilitations	Seuls les personnels dont la mission nécessite d'avoir accès à l'information doivent être habilités à y accéder (principe du moindre privilège).
Tracer les accès et gérer les incidents	Les accès aux systèmes doivent être journalisés afin de savoir qui a accédé à quoi et, le cas échéant, de détecter les accès frauduleux ou illégitimes.
Sécuriser les postes de travail et les supports mobiles	Les postes de travail doivent être protégés afin de prévenir les attaques ou de les identifier. Les équipements mobiles doivent être sécurisés afin de prévenir toute prise de connaissance des informations par un tiers. Des solutions d'effacement à distance peuvent également être utilisées.
Protéger le réseau informatique interne et les serveurs	Il convient de séparer le réseau interne et le réseau externe, l'accès à distance doit être sécurisé via un VPN (etc.).
Sécuriser les sites internet	Les espaces personnels doivent être sécurisés à l'aide de certificat https (etc.).
Sauvegarder et prévoir la continuité d'activité	Les données doivent être sauvegardées de manière régulière. Ces sauvegardes doivent être testées afin d'évaluer leur capacité à permettre une reprise d'activité.
Archiver de manière sécurisée	Les données qui ne sont plus utilisées au quotidien doivent être archivées, afin d'éviter toute perte d'information ou qu'un tiers non autorisé y ait accès.

Encadrer la maintenance et la destruction des données	Les opérations de maintenance comme les changements de serveur doivent être réalisés dans des environnements sûrs. Les matériels destinés à la destruction doivent faire l'objet d'un process permettant de supprimer toutes les données personnelles qu'ils comportent.
Gérer la sous-traitance	V. Fiche 12 sur la sous-traitance
Sécuriser les échanges avec d'autres organismes	Les données doivent être échangées d'une manière permettant d'éviter qu'un tiers ne puisse en prendre connaissance (via serveur FTP ou e-mail chiffré).
Protéger les locaux	Les locaux doivent être protégés via des dispositifs de contrôle d'accès.
Encadrer les développements informatiques	Les développements informatiques doivent être réalisés à l'aide de bases de données de test, fictives
Chiffrer, garantir l'intégrité ou signer	Les algorithmes de chiffrement doivent être robustes et à jour. Par ailleurs, il ne faut pas confondre chiffrement et anonymisation qui correspondent à deux opérations différentes, l'une visant à sécuriser des données (personnelles ou non), l'autre à rendre non personnelles des données qui initialement l'étaient.

À la lecture de ces éléments, on constate que des mesures de sécurité doivent être déployées tout au long du cycle de vie de la donnée.

11

La notification des violations de données à caractère personnel

Le RGPD impose au responsable du traitement de notifier les violations de données à caractère personnel. Il s'agit, en fait, de la généralisation d'une obligation qui, jusqu'à présent, était uniquement sectorielle. En effet, depuis la transposition du paquet télécom par une ordonnance du 24 août 2011, les entreprises fournissant des services de communications électroniques (essentiellement les opérateurs déclarés auprès de l'ARCEP) étaient tenues de notifier ces violations à la CNIL et, le cas échéant, à l'abonné si cette violation pouvait porter atteinte à ses données personnelles ou à sa vie privée.

Les articles 33 et 34 du RGPD étendent donc cette obligation à tous les secteurs d'activité. La question des notifications des violations de données est particulièrement sensible en particulier en raison de l'impact potentiel sur l'image de l'entreprise (on peut citer l'exemple d'Equifax), les risques d'action collective en découlant et les conséquences sur sa valorisation (Verizon dans le cadre du rachat de Yahoo avait fait valoir la violation dont l'opérateur avait été victime en 2016 pour solliciter une réduction du prix d'acquisition de l'opérateur). Il est donc probable qu'à l'avenir, des acquéreurs demandent des garanties en la matière en cas d'opération de fusion/acquisition.

Qu'est-ce qu'une violation de données ?

L'article 4, 12) définit une violation de données à caractère personnel comme « une **violation de la sécurité entraînant**, de manière accidentelle ou illicite, **la destruction, la perte, l'altération, la divulgation non autorisée de données à caractère personnel** transmises, conservées ou traitées d'une autre manière, ou l'accès non autorisé à de telles données ». Cette notion est donc particulièrement large **incluant les actes intentionnels** comme les attaques contre un système d'information **mais également les actes non intentionnels** comme la perte d'un support comportant des données personnelles (ordinateur, clé USB, etc.).

Le G29 dans son avis sur la notification des violations de données personnelles adopté le 25 mars 2014 identifie trois types de violations :

- les **atteintes à la confidentialité** : un accès ou une communication non autorisée de données ;
- les **atteintes à la disponibilité** : une perte d'accès ou une destruction de ces informations ;
- les **atteintes à l'intégrité** : une altération volontaire ou accidentelle des données.

À noter que cette notion n'est pas équivalente à celle d'incident de sécurité : si toutes les violations de données sont des incidents de sécurité, tous les incidents de sécurité n'entraînent pas d'atteinte à la protection des données.

La notification à l'autorité de contrôle

En cas de violation de données personnelles, le responsable du traitement devra en **informer la CNIL** « dans les **meilleurs délais** et, si possible, **72 heures au plus tard** après en avoir pris connaissance, à moins que la violation en question ne soit pas susceptible d'engendrer un risque pour les droits et libertés des personnes physiques ».

Il s'agit donc d'une obligation du responsable du traitement et non du sous-traitant. Ce dernier devra cependant informer le responsable du traitement en cas de survenance d'une violation dans le cadre de la mission qui lui est confiée (par exemple une intrusion dans le système d'information d'un hébergeur ayant permis de récupérer une copie des données personnelles du responsable du traitement). Cette notification au responsable du traitement doit intervenir « dans les meilleurs délais », à compter de la « prise de connaissance » de la violation par le sous-traitant.

Toutes les violations de données personnelles ne donnent donc pas lieu à notification de la CNIL, **seules les violations « susceptible(s) d'engendrer un risque pour les droits et libertés des personnes physiques** » rentrent dans cette catégorie.

Enfin, cette notification doit être réalisée dans les 72 heures. **À défaut**, le responsable du traitement devra indiquer à l'autorité les « **motifs du retard** ».

La notification doit comprendre (art. 33, 3) :

- une **description de la nature de la violation**, « y compris, si possible les catégories et le nombre approximatif de personnes concernées (...) et les catégories et le nombre approximatif d'enregistrements » de données personnelles concernées ;
- le **nom et les coordonnées du DPO** ou d'un point de contact en mesure de communiquer des informations supplémentaires ;
- une **description des « conséquences probables de la violation »** et des « **mesures prises** ou que le responsable du traitement propose de prendre pour [y] remédier ».

Cette liste est non exhaustive et ces informations peuvent être communiquées en plusieurs fois « sans autre retard indu ».

La notification aux personnes concernées

L'article 34 précise que « lorsqu'une violation de données à caractère personnel est susceptible d'engendrer un risque élevé pour les droits et libertés d'une personne physique, **le responsable du traitement communique la violation de données à caractère personnel à la personne concernée dans les meilleurs délais** ».

Le texte précise qu'il ne sera **pas nécessaire de notifier les personnes si** le responsable du traitement a :

- « **mis en œuvre les mesures de protection techniques et organisationnelles appropriées** et [si] ces mesures ont été appliquées aux données à caractère personnel affectées par ladite violation ». Il s'agit notamment de mesures permettant de rendre des données incompréhensibles « pour toute personne qui n'est pas autorisée à y avoir accès, telles que le chiffrement » ;
- « **pris des mesures ultérieures qui garantissent** que le risque élevé pour les droits et libertés des personnes concernées [...] n'est **plus susceptible de se matérialiser** » (par exemple en cas de vol de mot de passe, invalider l'ensemble des mots de passe objets de la violation).

Dans l'hypothèse où une notification individuelle « exigerait des efforts disproportionnés », il peut être procédé à une communication publique (par exemple via une annonce sur un site internet).

Toutes les violations de données ne font donc pas l'objet d'une notification aux personnes concernées, et toutes violations notifiées à l'autorité de contrôle ne donnent pas nécessairement lieu à une information des personnes. La CNIL peut, par contre, exiger du responsable du traitement qu'il procède à cette information après avoir examiné la violation et conclue qu'elle était susceptible d'engendrer un risque élevé pour les personnes.

Le contenu de la notification à la personne concernée est similaire à celle faite auprès de l'autorité de contrôle (à l'exception de la description de la nature de la violation). Elle doit, en outre, être rédigée dans « des termes clairs et simples » ce qui peut s'avérer délicat.

La documentation des violations de données personnelles

Le responsable du traitement doit documenter toute violation de données à caractère personnel.

L'article 33, 5 précise que cette documentation doit comporter « les faits concernant la violation des données à caractère personnel, ses effets et les mesures prises pour y remédier ».

Cette documentation à destination de l'autorité de contrôle vise à permettre à cette dernière de vérifier le respect de ces exigences.

Focus sur l'assurance des violations de données

Est-il possible de s'assurer contre les violations de données ? À cette date, certains assureurs proposent des solutions d'assurance en matière de cybersécurité. Ces garanties sont cependant peu répandues notamment en raison des difficultés inhérentes à l'appréciation du risque.

Synthèse sur la notification des violations de données

La sous-traitance

Le Règlement européen crée un statut du sous-traitant qui devient responsable de manière autonome. Sous l'empire de la loi ancienne, seul le responsable du traitement était susceptible de voir sa responsabilité engagée par les autorités de contrôle. Sous l'effet du développement des services de Cloud computing et des solutions standardisées proposées par les géants du web, il était nécessaire d'adapter le cadre juridique applicable à la sous-traitance.

Les obligations du sous-traitant

Le sous-traitant a une **double série d'obligations** : en propre et vis-à-vis du responsable du traitement pour le compte duquel il traite des données.

En propre

La tenue d'un registre des traitements

Le **contenu du registre** des « catégories d'activités de traitement effectué pour le compte du responsable du traitement » est défini à l'article 30, 2. Il **doit comporter** :

- le nom et les coordonnées de l'ensemble des parties impliquées dans le traitement (sous-traitant, responsable du traitement, représentant du responsable du traitement ou du sous-traitant et du DPO) ;
- les catégories de traitement effectuées pour chaque responsable du traitement ;
- les transferts de données hors Union européenne ;
- dans la mesure du possible une description générale des mesures de sécurité techniques et organisationnelles.

La désignation d'un DPO ou d'un représentant

Le **sous-traitant doit désigner un DPO ou un représentant dans les mêmes conditions qu'un responsable du traitement**. Les cas de sous-traitances internes entre entités d'un même groupe imposent d'adopter une organisation permettant de garantir l'indépendance du DPO. Il ne semble, en effet, pas possible qu'un même DPO représente un sous-traitant et un responsable du traitement dans le cadre d'une opération commune, leurs intérêts pouvant être divergents.

La coopération avec les autorités de contrôle

L'article 31 du Règlement précise que **le sous-traitant coopère avec l'autorité de contrôle** « à la demande de celle-ci, dans l'exécution de ses missions ». En pratique, la CNIL pouvait déjà interroger un sous-traitant ou se rendre dans ses locaux pour procéder à un contrôle sur place des traitements mis en œuvre pour le compte d'un responsable.

■ ***Privacy by design* et *Privacy by default***
Au titre de l'article 25 du RGPD, cette obligation incombe formellement au responsable du traitement et non au sous-traitant (v. Fiche 2). Toutefois, le sous-traitant via les solutions proposées concourt directement au respect de ces principes.

Un sous-traitant aura également la qualité de responsable pour les traitements qu'il met en œuvre pour son propre compte (par exemple en matière de gestion des ressources humaines, de comptabilité, etc.). Il devra, à ce titre, respecter l'ensemble des obligations inhérentes à cette qualité, en plus de celles relatives à sa qualité de sous-traitant. Cette contrainte implique donc de bien distinguer les opérations relevant de chaque statut.

Dans le cadre de sa relation avec un responsable du traitement

■ **La notification des violations de données**
La notification des violations de données est une obligation incombant au responsable du traitement. Toutefois, ce type d'incident peut intervenir chez un sous-traitant. Ce dernier devra alors en informer le responsable du traitement « dans les meilleurs délais » (art. 33, 2).

En pratique, une violation de données intervenant chez un prestataire pourrait impacter plusieurs clients en même temps. Le sous-traitant devra donc être en mesure d'identifier les responsables de traitement concernés et de les informer simultanément.

■ **L'obligation d'assurer la sécurité et la confidentialité des données**
Le sous-traitant « prend toutes les mesures requises en vertu de l'article 32 » du RGPD pour garantir un niveau de sécurité adaptée aux risques présentés par le traitement. Il doit également s'assurer que ses employés et prestataires sont soumis à un engagement de confidentialité.

■ **Le recours à un sous-traitant de second rang**
Un sous-traitant a la possibilité d'avoir lui-même recours à un sous-traitant pour tout ou partie de la prestation qui lui est confiée par un responsable du traitement (par exemple un hébergeur de données). Pour se faire, il doit disposer d'une **autorisation écrite du responsable du traitement, générale ou spécifique** (à une opération en particulier). Cette autorisation doit être formalisée dans le contrat et, le cas échéant, être actualisée.

■ **L'obligation de conseiller le responsable du traitement**
L'article 28, 3, h) dispose que « le sous-traitant informe immédiatement le responsable du traitement si, selon lui, une instruction constitue une violation du présent règlement ou d'autres dispositions du droit de l'Union ou du droit des États membres relatives à la protection des données ». Il devra donc apprécier la légalité des instructions qui lui sont données par le responsable du traite-

ment, non seulement par rapport aux dispositions du Règlement mais également par rapport à l'ensemble des règles applicables en matière de protection des données.

Il doit, en outre, aider :

- le responsable du traitement à répondre aux demandes d'exercice des droits des personnes concernées ;
- « à garantir le respect des obligations prévues aux articles 32 à 36 [relatives à la sécurité des données, à la notification des violations de données, à l'analyse d'impact et à la consultation préalable de l'autorité de contrôle] compte tenu de la nature du traitement et des informations à la disposition du sous-traitant ».

La contractualisation des relations

L'article 28 du Règlement fixe une liste non exhaustive de mentions devant figurer dans le contrat entre le sous-traitant et son client. Ce document doit définir « l'objet et la durée du traitement, la nature et la finalité du traitement, le type de données à caractère personnel et les catégories de personnes concernées, et les obligations et les droits du responsable du traitement » (art. 28, 3). Le contrat doit d'une part prévoir que le sous-traitant ne traite des données que sur instructions documentées du responsable du traitement, et d'autre part, fixer le sort des données à l'issue de la prestation (destruction ou restitution au responsable du traitement), une clause d'audit, etc. Une proposition de clause figure en annexe du guide du sous-traitant publié par la CNIL en septembre 2017.

La relation entre un sous-traitant et un responsable du traitement ne doit cependant pas être conçue comme unilatérale, le responsable du traitement a également des obligations vis-à-vis de son prestataire afin de lui permettre d'assurer sa mission. Il doit notamment lui communiquer ses instructions et définir les différents process nécessaires au déroulement de la prestation (notification des violations de données, changements de sous-traitant, etc.).

La mise en œuvre de la responsabilité

Un sous-traitant peut voir sa responsabilité engagée pour des manquements qui lui seraient imputables au titre de ses missions dans les mêmes conditions qu'un responsable du traitement, le type et le montant des sanctions sont, à cet égard, identiques. Pour autant, il ne sera responsable que s'il n'a pas respecté les obligations qui lui incombaient spécifiquement ou s'il a « agi en dehors des instructions licites du responsable du traitement ou contrairement à celles-ci » (art. 82). Il peut, en outre, être exonéré de responsabilité « s'il prouve que le fait qui a provoqué le dommage ne lui est nullement imputable ». En cas de contentieux, la question de la détermination de la part de responsabilité de chacun dans les faits en cause devra être déterminée par l'autorité de contrôle ou le juge.

« Lorsque plusieurs responsables du traitement ou sous-traitants ou lorsque, à la fois, un responsable du traitement et un sous-traitant participent au même traitement et [qu]'ils sont responsables d'un dommage causé par le traitement, chacun des responsables du traitement ou des sous-traitants est tenu responsable du dommage dans sa totalité afin de garantir à la personne concernée une réparation effective ».

L'ensemble des **responsables du traitement et les sous-traitants sont donc responsables *in solidum* de l'indemnisation du préjudice** subi par les personnes concernées dans sa totalité, à charge ensuite pour celui ayant indemnisé le préjudice en totalité de réclamer aux autres, la part du montant correspondant à leur part de responsabilité respective dans le litige.

Un des objectifs du législateur dans le cadre de cette réforme était de renforcer les droits des personnes concernées et de leur rendre le contrôle de leurs données. **Le RGPD consolide** donc les droits existants comme **le droit à l'information** et **crée parallèlement de nouveaux droits** notamment **le droit à la portabilité, à l'oubli et à la limitation du traitement**.

Il **introduit** également **un principe général de transparence** (art. 12) en vertu duquel toute communication à l'intention d'un individu, y compris dans le cadre de l'exercice de ses droits, doit être réalisée en des termes « clairs et simples », en particulier lorsque cette information est destinée à un enfant et d'une « d'une façon concise, transparente, compréhensible et aisément accessible ».

Le responsable du traitement doit répondre à une personne exerçant ses droits (en application des articles 15 à 22) « dans les meilleurs délais et en tout état de cause dans **un délai d'un mois à compter de la réception de la demande** ». Ce délai peut être **prorogé de deux mois « compte tenu de la complexité et du nombre de demandes »**.

L'organisme devra cependant informer le requérant de cette prorogation et « des motifs d[e ce] report » dans le délai initial d'un mois.

Le droit à l'information

Le droit à l'information **est le premier droit des personnes concernées et l'un des plus importants**. Il conditionne, en effet, l'exercice de l'ensemble des autres droits par leur titulaire. Si la personne concernée ignore qu'une entreprise traite ses données, elle ne sera pas en mesure de demander l'accès à ces informations, leur rectification ou de s'opposer au traitement.

L'article 13 fixe **la liste des informations à communiquer** à la personne concernée. Le responsable du traitement doit mentionner :

- son identité et ses coordonnées ainsi que le cas échéant celles du DPO ;
- les finalités du traitement et sa base juridique (lorsque le traitement repose sur l'intérêt légitime du responsable – v. Fiche 3 –, cet intérêt doit être précisé) ;
- les destinataires des données ;
- le cas échéant, l'existence d'un transfert et les garanties mises en place pour permettre ce transfert ;
- la durée de conservation des données (ou les critères utilisés pour déterminer cette durée) ;
- les droits des personnes concernées (accès, rectification, droit de retirer son consentement, etc.) ;

- le droit d'introduire une réclamation auprès de la CNIL ;
- le fait que les données soient obligatoires pour la conclusion d'un contrat et les conséquences de l'absence de communication de ces informations ;
- l'existence d'une prise de décision automatisée.

Elles sont complétées par rapport aux dispositions de la loi *Informatique et Libertés*.

L'article 14 est dédié aux informations à communiquer en cas de collecte indirecte, c'est-à-dire dans l'hypothèse où les données ne sont pas fournies directement par la personne mais par un tiers. Ces deux listes sont pratiquement identiques, il faut cependant préciser, en cas de collecte indirecte, les catégories de données et la source des données.

Au vu du volume d'information à transmettre, le G29 précise, dans ses lignes directrices sur la transparence, que **l'information peut être délivrée « en couches »**. Ce dispositif permet d'afficher, en bas de page ou sur un formulaire de collecte en ligne, une mention d'information plus courte avec des liens renvoyant à l'intégralité de la mention.

Ces informations pourront également « être fournies accompagnées d'icônes normalisées » afin d'accroître leur lisibilité. C'est la Commission européenne qui est chargée d'adopter ces icônes par actes délégués.

Le droit d'accès, de rectification et d'opposition

La personne concernée a le **droit d'interroger le responsable du traitement pour savoir s'il traite des données la concernant et d'obtenir une copie de ces informations**. Cette communication doit être accompagnée d'une liste de mention d'information figurant à l'article 15 (qui rappelle les informations à communiquer en cas de collecte). Elle doit être faite dans des termes clairs et simples, ainsi les codes sous lesquels l'information peut être stockée devront donc être traduits.

Le **droit de rectification** (art. 16) permet à la personne concernée d'**obtenir la modification de données** la concernant qui seraient inexactes ou incomplètes (sous réserve que la finalité du traitement le permette).

Elle peut enfin s'opposer au traitement de ses données. **L'opposition est de droit en matière de prospection commerciale**. L'article 21 limite les traitements donnant lieu à l'exercice de ce droit à ceux :

- reposant sur l'exécution d'une mission d'intérêt public ou relevant de l'intérêt public dont est investi le responsable du traitement ;
- nécessaires aux fins des intérêts légitimes poursuivis par le responsable du traitement ou par un tiers.

Le droit à l’effacement et à la limitation du traitement

L’effacement

Le RGPD introduit un droit à l’effacement dit également « **droit à l’oubli** » permettant à la personne concernée d’obtenir l’effacement d’information la concernant lorsque ses données :

- ne sont plus nécessaires au regard des finalités pour lesquelles elles ont été collectées ;
- doivent être effacées pour respecter une obligation légale ;
- ont fait l’objet d’un traitement illicite.

L’effacement doit également être opéré **si la personne concernée retire son consentement** et qu’il n’existe pas d’autre fondement pour poursuivre le traitement ou si elle a exercé son droit d’opposition à un traitement de prospection commerciale et qu’il n’existe pas de motif légitime impérieux permettant au responsable du traitement de poursuivre l’opération.

Enfin, si les données concernent des enfants et qu’elles ont été collectées dans le cadre de l’offre de services de la société de l’information, il sera également possible de demander l’effacement.

L’exercice de ce droit est donc très conditionné. Il est également soumis à une liste d’exception figurant à l’article 17, 3.

Ainsi, le droit à l’oubli ne s’applique pas en cas de traitement nécessaire « à l’exercice du droit à la liberté d’expression et d’information », « pour respecter une obligation légale qui requiert le traitement prévu par le droit de l’Union ou de l’État membre auquel le responsable du traitement est soumis », etc.

La limitation

En application de l’article 18, la personne peut demander que le **traitement de ses données soit limité** :

- lorsqu’elle **conteste l’exactitude des données traitées** pendant la durée nécessaire au responsable du traitement pour procéder aux vérifications ;
- si le **traitement est illicite** et qu’elle sollicite cette limitation (par préférence à l’effacement) ;
- si le **responsable du traitement n’en a plus besoin** mais qu’elles peuvent lui être nécessaires « pour la constatation, l’exercice ou la défense de droits en justice » ;
- si elle **s’est opposée au traitement**, pendant le temps requis pour procéder à la balance des intérêts entre le responsable du traitement et la personne concernée.

L’objectif de ce nouveau droit semble être celui d’éviter la diffusion d’informations devant faire l’objet de vérification, en suspendant provisoirement leur traitement pendant la durée nécessaire pour procéder aux analyses. Concrètement, cette limitation peut prendre la forme d’un archivage temporaire ou d’un marquage des données.

Les 2e et 3e hypothèses d'exercice de ce droit semblent plutôt intervenir au bénéfice de la personne concernée, ce qui n'est pas sans poser problème pour le responsable du traitement. On peut, en effet, s'interroger sur les modalités et la durée de conservation de ces données dont le traitement aurait été limité, qui sera en tout état de cause dérogatoire aux durées prévues et documentées initialement.

Focus

En cas de rectification ou d'effacement des données ou de limitation du traitement, le responsable du traitement doit notifier l'information à chaque destinataire des données « à moins qu'une telle communication se révèle impossible ou exige des efforts disproportionnés ».

Le droit à la portabilité des données

Le RGPD introduit le **droit** pour les personnes concernées **de récupérer les données** « qu'elles ont fournies à un responsable du traitement ». Le G29, dans ses lignes directrices sur la portabilité adoptée le 5 avril 2017, indique que les données fournies doivent être entendues comme « les données activement et sciemment fournies par la personne concernée » (par exemple en remplissant un formulaire de demande de contact) et « les données observées fournies par la personne concernée grâce à l'utilisation du service ou du dispositif » (comme un capteur de sommeil).

Elles pourront également solliciter un transfert direct de ces données d'un responsable du traitement à l'autre (lorsque cela est techniquement possible).

Le texte précise que le format de restitution des données doit être « structuré, couramment utilisé et lisible par machine ».

À noter cependant que ce droit ne porte que sur les traitements automatisés reposant sur le consentement de la personne concernée ou nécessaire à l'exécution d'un contrat ou de mesures précontractuelles. Il n'est donc pas applicable à tout traitement.

Limitations

L'article 23 du RGPD permet aux États membres d'introduire des limitations aux droits des personnes concernées. Le droit de l'Union ou d'un État membre peut ainsi prévoir des restrictions aux droits des personnes concernées pour autant que cette limitation « respecte l'essence des libertés et droits fondamentaux et qu'elle constitue une mesure nécessaire et proportionnée ». L'objectif de cette mesure doit être de garantir la sécurité ou la défense nationale, la sécurité publique, la prévention et la détection d'infractions pénales, etc.

Cette mesure législative doit cependant comporter des garanties comme préciser la finalité du traitement, les données collectées, des mesures visant à prévenir les abus ou l'accès ou le transfert illicites, etc.

À noter également que les dispositions de la loi pour une République numérique visant à organiser l'accès aux données des personnes décédées figurant actuellement à l'article 40-1, I de la loi *Informatique et Libertés* ne sont a priori pas modifiées par le projet de loi présenté en décembre 2017. Elles seraient donc toujours applicables une fois le texte adopté et devraient figurer dans les mentions d'information portées à la connaissance des personnes concernées.

Cet article prévoit la possibilité pour une personne concernée de définir des directives relatives à la conservation, à l'effacement et à la communication de ses données personnelles après son décès. Ces directives peuvent être générales (enregistrées auprès d'un tiers de confiance certifié par la CNIL) ou particulières (enregistrées auprès des responsables de traitement qu'elles concernent). Ces directives visent à définir la manière dont la personne entend que les droits que lui confère la réglementation relative à la protection des données soient exercés après son décès.

Les droits des personnes

Transparence	
Droits renforcés	**Nouveaux droits**
Information	Oubli
Accès	Limitation du traitement
Rectification	Portabilité
Opposition	Retrait du consentement

Le profilage et la prise de décision automatisée

Le RGPD prévoit des dispositions spécifiques applicables au profilage. Avec le développement des algorithmes, du Big Data et de la personnalisation des services, ce type d'opérations peut comporter des risques pour les droits et libertés des personnes concernées, notamment un risque de discrimination algorithmique. Le RGPD n'interdit pas pour autant les opérations de profilage ou les décisions automatisées mais il encadre ce type d'opération.

Définition

Le **profilage** est défini comme « toute forme de traitement automatisé de données à caractère personnel consistant **à utiliser ces données pour évaluer certains aspects personnels relatifs à une personne physique**, notamment pour analyser ou prédire son rendement au travail, sa situation économique, sa santé, ses préférences personnelles, ses intérêts, sa fiabilité, son comportement, sa localisation ou ses déplacements » (art. 4, 4).

Cette définition apparaît particulièrement large et susceptible d'englober différentes opérations d'analyse et de segmentation visant à prédire le comportement ou la situation future d'une personne concernée souvent sur la base d'analyses statistiques.

Le profilage et l'article 22 du RGPD

La détermination des opérations relevant de l'article 22

L'article 22 du RGDP concerne les décisions individuelles automatisées et en particulier les décisions exclusivement fondées sur un traitement automatisé. Cet article précise que « la personne concernée a le droit de ne pas faire l'objet d'une décision fondée exclusivement sur un traitement automatisé, y compris le profilage, produisant des effets juridiques la concernant ou l'affectant de manière significative de façon similaire ». Il ne vise donc pas l'ensemble des opérations de profilage ou de prise de décision automatisée mais uniquement celles qui reposent sur un process exclusivement automatisé et qui ont des effets juridiques pour la personne concernée.

Comme le précise le G29 dans ces lignes directrices sur le profilage, il faut donc distinguer trois cas :

- le profilage général ;
- les prises de décisions réalisées sur la base d'un profilage ;
- les décisions basées uniquement sur un traitement automatisé produisant des effets juridiques pour la personne qui seules relèvent du périmètre de l'article 22.

La **qualification des opérations** en cause est donc fondamentale.

On entend par décision fondée exclusivement sur un traitement automatisé, les décisions dans lesquelles il n'y a pas d'intervention humaine. À noter que le G29 indique dans ses lignes directrices que le responsable du traitement ne peut pas échapper à l'application de l'article 22 en « fabriquant [de manière artificielle] une intervention humaine » par exemple en prévoyant qu'une personne applique automatiquement un profil à des individus, sans avoir la possibilité de modifier le résultat obtenu.

Ces décisions doivent également « produire des effets juridiques pour la personne concernée » ou « l'affecter de manière significative de façon similaire ». Produire un effet juridique signifie avoir des conséquences pour les droits de la personne concernée, par exemple entraîner l'annulation d'un contrat, une interdiction d'entrée sur le territoire d'un état ou encore une privation de nationalité.

L'interprétation de la notion « affecter de manière significative de façon similaire » est plus délicate. Le G29 considère que dans ce cas, « les effets du traitement doivent être suffisamment importants pour mériter l'attention ». Il cite notamment les cas dans lesquels la décision pourrait impacter le comportement ou les choix de la personne concernée ou avoir un effet prolongé ou permanent pour celle-ci ou encore conduire à une exclusion ou à une discrimination.

Seules les décisions réunissant ces deux critères sont donc sujettes aux dispositions de l'article 22 qui comporte par ailleurs trois exceptions.

À noter que le G29 considère que la personne concernée n'a pas besoin d'exercer ce droit, mais qu'il appartient au responsable du traitement de prendre en compte cette contrainte « automatiquement ».

Les exceptions

Ces règles ne s'appliquent pas lorsque la décision :

- est nécessaire à la conclusion ou à l'exécution d'un contrat entre la personne concernée et un responsable du traitement ;
- est autorisée par le droit européen ou celui de l'État membre auquel le responsable du traitement est soumis sous réserve qu'il prévoit « des mesures appropriées pour la sauvegarde des droits et libertés et des intérêts légitimes de la personne concernée » ;
- est fondée sur le « consentement explicite de la personne concernée ».

Dans l'hypothèse où le traitement relèverait de l'une de ces exceptions, des garanties devront cependant être mises en place.

Les garanties encadrant les opérations de profilage

Le considérant 71 précise clairement que « le profilage est soumis aux règles du présent règlement régissant le traitement des données à caractère personnel ». L'ensemble de ces opérations (v. *supra*) sont donc soumises aux principes du RGPD. Elles doivent notamment être transparentes et reposer sur un fondement (v. Fiche 2). En outre, les personnes concernées peuvent exercer leur droit, en particulier leur droit d'opposition, conformément à l'article 21 qui précise que « la personne concernée a le droit de s'opposer à tout moment, pour des raisons tenant à sa situation particulière, à un traitement des données à caractère personnel la concernant fondé sur l'article 6, paragraphe 1, point e) [c'est-à-dire sur l'exécution d'une mission d'intérêt public] ou f [sur les intérêts légitimes du responsable du traitement]), y compris un profilage fondé sur ces dispositions ».

Des mesures plus protectrices devront également être mises en place en cas de décision automatisée rentrant dans le champ de l'article 22. Les personnes concernées ont dans ce cas « le droit d'obtenir une intervention humaine, d'exprimer [leur] point de vue, d'obtenir une explication quant à la décision prise à l'issue de ce type d'évaluation et de contester la décision » (considérant 71). Ce considérant précise également que « le responsable du traitement devrait utiliser **des procédures mathématiques ou statistiques adéquates aux fins du profilage**, appliquer les mesures techniques et organisationnelles appropriées pour faire en sorte, en particulier, que les facteurs qui entraînent des erreurs dans les données à caractère personnel soient corrigés et que le risque d'erreur soit réduit au minimum ».

Enfin, « la prise de décision et le profilage automatisé fondé sur des catégories particulières de données à caractère personnel ne devraient être autorisés que dans des conditions spécifiques » et ne pas concerner des enfants.

Les codes de conduite et les certifications

La CNIL avait déjà la possibilité de délivrer des labels attestant de la conformité d'un produit ou d'une procédure aux exigences de la loi. Le RGPD développe ces outils de co-régulation via des **mécanismes de certification** et des **codes de conduite**, qui prennent une place importante dans le cadre de l'accountability.

Les codes de conduite

L'élaboration du code de conduite

Les associations et organismes représentant des responsables du traitement ou des sous-traitants peuvent élaborer des codes de conduite afin de décliner les règles du RGPD pour un secteur d'activité donné ou pour l'adapter aux besoins « spécifiques des micro, petites et moyennes entreprises » (art. 40, 1).

Le contenu du code de conduite est détaillé à l'article 40, 2. Il doit également comporter des mécanismes permettant à l'organisme chargé de sa supervision « de procéder au contrôle obligatoire du respect de ses dispositions par les responsables du traitement ou les sous-traitants » qui se sont engagés à l'appliquer.

Il doit être soumis à l'autorité de contrôle compétente qui émet un avis sur sa conformité au Règlement et l'approuve. Dans l'hypothèse où ce code de conduite concernerait des activités de traitement dans plusieurs États membres, il doit être soumis avant approbation au Comité européen de la protection des données (CEPD) qui émet également un avis et, le cas échéant, à la Commission européenne. Une fois approuvé, il est enregistré, publié et les organismes du secteur d'activité concerné peuvent y adhérer. Les modifications ultérieures sont soumises à la même procédure.

L'adhésion au code de conduite

L'adhésion à un code de conduite est volontaire et repose sur un mécanisme d'auto-certification faisant l'objet d'un contrôle a posteriori. Un organisme souhaitant adhérer à un code devra donc évaluer sa conformité aux dispositions du code avant d'y adhérer (y compris en ayant recours au service d'un tiers auditeur).

Le contrôle du respect du code de conduite

Le contrôle des entreprises ayant adhéré au code est réalisé par un « organisme qui dispose d'un niveau d'expertise approprié au regard de l'objet du code et qui est agréé à cette fin par l'autorité de contrôle » (art. 41, 1). Dans le cadre de la demande d'agrément, l'autorité de contrôle devra apprécier différents critères (listés à l'article 41, 2). L'organisme doit démontrer « son indépendance et son expertise au regard de l'objet du code » et que « ses tâches et missions n'entraînent pas de conflits d'intérêts ». Il devra également avoir établi des procédures permettant d'apprécier si les responsables du traitement et les sous-traitants « satisfont aux conditions pour appliquer le code, de contrôler le respect de ses dispositions et d'examiner périodiquement son fonctionnement » et de traiter les éventuelles réclamations portant sur une violation du code.

En cas de violation du code par l'un de ses adhérents, l'organisme en charge du contrôle peut suspendre ou exclure l'adhérent en cause de l'application du code. Dans ce cas, il informe l'autorité de contrôle compétente de « ces mesures et des raisons pour lesquelles elles ont été prises ». L'adhésion à un code de conduite et le contrôle du respect du code ne se substituent donc pas au contrôle de l'autorité de protection des données. Cet engagement n'est cependant pas anodin dans la mesure où certains manquements au code de la part d'un adhérent sont susceptibles d'être notifiés à la CNIL (v. *supra*).

L'organisme agréé peut également faire l'objet d'une sanction en application de l'article 83 en cas de manquements à ses propres obligations en tant qu'organisme chargé du contrôle du code (par exemple dans l'hypothèse où il n'informerait pas la CNIL d'une suspension d'un adhérent).

Les mécanismes de certification

L'article 42 du RGPD prévoit « la mise en place de **mécanismes de certification** en matière de protection des données ainsi que de **labels et de marques** en la matière ». Le but de ces outils est de permettre à un responsable du traitement ou à un sous-traitant de démontrer que les opérations de traitement qu'il réalise sont conformes au Règlement. Ces outils peuvent également être utilisés pour justifier qu'une entreprise non soumise aux dispositions du RGPD respecte ses principes et présente des garanties appropriées dans le cadre des transferts de données hors Union européenne (v. Fiche 9).

Il s'agit d'un processus volontaire nécessitant une évaluation réalisée cette fois a priori par un organisme de certification agréé, par une autorité de contrôle compétente ou par le CEPD. Cette évaluation est réalisée sur la base de critères approuvés par une autorité de contrôle ou le CEPD.

L'agrément des organismes de certification

Les organismes de certification sont agréés par l'autorité de contrôle ou l'organisme national d'accréditation (en France le COFRAC).

Afin d'obtenir cette accréditation, l'organisme doit démontrer son indépendance et son expertise au regard de l'objet de la certification et l'absence de conflits d'intérêts avec ses tâches et missions. Il doit respecter les critères de certification et avoir mis en place des procédures en vue de « la délivrance, de l'examen périodique et du retrait d'une certification » et du « traitement des réclamations ».

Le RGPD renforce la coopération entre autorités de contrôle désormais tenues d'une obligation d'assistance mutuelle. À ce titre, elles doivent se communiquer toutes informations utiles et se porter mutuellement assistance, notamment au travers d'enquêtes et de contrôles communs.

Les pouvoirs

Les **pouvoirs des autorités de contrôle sont de trois ordres**. Elles disposent :

- de **pouvoirs d'enquête** : mener des audits sur la protection des données, notifier à un responsable du traitement ou à un sous-traitant une violation alléguée du Règlement, etc. ;
- du **pouvoir d'adopter des mesures correctives** : comme d'avertir un organisme traitant des données que les opérations envisagées sont susceptibles de violer la loi, d'ordonner à un responsable du traitement ou un sous-traitant de répondre aux demandes d'une personne concernée, d'imposer une limitation temporaire ou définitive d'un traitement, etc. ;
- de **pouvoirs de consultations et d'autorisations** : elles doivent notamment rendre un avis sur des projets de code de conduite, approuver les *Binding Corporate Rules* (v. Fiche 9), autoriser préalablement certains traitements, etc.

La répartition des compétences entre autorité chef de file et autorité de contrôle concernée

Par principe, chaque autorité de contrôle est compétente pour « exercer les missions et les pouvoirs dont elle est investie (...) sur le territoire de l'État membre dont elle relève » (art. 55, 1).

Le Règlement offre cependant, la possibilité de désigner une **autorité chef de file**. Ce dispositif du « *one stop shop* » permet à un responsable du traitement ou à un sous-traitant établit dans plusieurs pays de l'Union européenne de ne dépendre que d'une seule autorité de contrôle, s'agissant des traitements transfrontaliers qu'il met en œuvre.

La **compétence** de cette autorité n'est donc pas générale mais **limitée aux traitements dits « transfrontaliers »**. Il s'agit des traitements de données à caractère personnel mis en œuvre dans l'Union européenne par plusieurs établissements d'un responsable du traitement ou d'un sous-traitant ou mis en œuvre dans le cadre d'un établissement unique « mais qui affecte[nt] sensiblement ou [sont] susceptible[s] d'affecter sensiblement des personnes concernées dans plusieurs États membres » (art. 4, 23).

L'autorité chef de file ne peut pas être choisie de manière aléatoire. Il s'agit de **l'autorité du lieu de localisation de l'établissement principal** du responsable du traitement ou du sous-traitant. Il faut déterminer quel est cet établissement pour en déduire quelle est l'autorité chef de file :

- pour un **responsable du traitement**, l'établissement principal est « le lieu de son administration central dans l'Union, à moins que les décisions quant aux finalités et aux moyens du traitement (...) soient prises dans un autre établissement du responsable du traitement dans l'Union et que ce dernier (...) a le pouvoir de faire appliquer ces décisions ». Cet établissement doit donc disposer d'un réel pouvoir de décision quant aux traitements mis en œuvre ;
- pour un **sous-traitant**, il s'agit du « lieu de son administration centrale dans l'Union ou, si ce sous-traitant ne dispose pas d'une administration centrale dans l'Union, l'établissement du sous-traitant dans l'Union où se déroule l'essentiel des activités de traitement » (art. 4, 16).

Dans la mesure où le choix de l'autorité chef de file entraîne la compétence d'une seule autorité de contrôle quant aux traitements transfrontaliers d'une entreprise, elle peut donner lieu à un recours de la part d'une autorité de contrôle dans le cadre de l'application du mécanisme de contrôle de cohérence (v. Fiche 17). Une autorité de contrôle peut, en effet, contester l'analyse du lieu d'installation de l'établissement principale d'un responsable du traitement ou d'un sous-traitant.

Par ailleurs, **la désignation d'une autorité chef de file n'a pas pour effet d'exclure toute intervention des autres autorités de contrôle** (dites alors « autorités de contrôle concernées »). Celles-ci restent compétentes pour traiter les plaintes qui leur sont adressées par les personnes résidents sur le territoire de leur État membre.

Enfin, l'autorité chef de file n'est pas compétente s'agissant des traitements « effectué(s) par des autorités publiques ou des organismes privés agissant sur la base de l'article 6, 1, point c) ou e) », c'est-à-dire pour les traitements nécessaires au respect d'une obligation légale à laquelle le responsable du traitement est soumis ou à l'exécution d'une mission d'intérêt public ou relevant de l'exercice de l'autorité publique dont il est investi. **La compétence de l'autorité chef de file n'est donc pas étendue à l'ensemble des traitements mis en œuvre par une entreprise**.

Autorités chef de file et autorité(s) concernée(s) doivent coopérer en échangeant des informations et s'assister mutuellement en particulier dans le cadre d'opérations conjointes (enquêtes et contrôles). Afin d'assurer la cohérence de l'application du texte dans l'ensemble de l'Union, le Règlement met également en place un mécanisme de contrôle de la cohérence afin de garantir cette coopération (v. Fiche 17).

Focus sur la CNIL

La Commission Nationale de l'Informatique et des Libertés (CNIL) est la première autorité administrative indépendante en France. Créée par la loi du 6 janvier 1978 relative à l'Informatique, aux Fichiers et aux Libertés, elle a pour principale mission d'informer les personnes concernées et les organismes traitant des données personnelles de leurs droits et obligations et de veiller à ce que les traitements de données soient mis en œuvre conformément aux dispositions de la loi précitée.

Composée de dix-huit membres renouvelés par moitié tous les deux ans et six mois, elle se subdivise en une formation plénière et une formation restreinte, dédiée à l'examen des dossiers de sanctions, regroupant six membres élus par la Commission en son sein. Un bureau permet également de prendre certaines décisions notamment en cas d'urgence.

Le travail de la Commission repose sur des services composés d'agents au nombre de 195 (fin 2016). Cette même année, son budget était approximativement de dix-sept millions d'euros.

Le Comité européen de la protection des données

L'harmonisation de la législation européenne en matière de protection des données ne passe pas uniquement par la définition d'une réglementation commune à l'ensemble des États membres mais également par l'uniformisation de la doctrine des autorités de contrôle. Le Règlement leur impose donc une obligation de coopération et instaure un mécanisme de contrôle mutuel afin d'assurer une interprétation et une application cohérente du texte dans l'Union. Le rôle du **Comité européen de la protection des données (CEPD)** est central dans ce dispositif, appelé « mécanisme de contrôle de la cohérence ».

Le CEPD est l'institutionnalisation du Groupe de l'article 29 dit « G29 » qui avait été créé par l'article 29 de Directive 95/46/CE, comme un **groupe de réflexion « consultatif et indépendant » regroupant un représentant de toutes les CNIL européennes, de l'autorité de contrôle dédiée aux institutions européenne et d'un représentant de la Commission européenne**. Depuis 1995, il a émis de nombreux avis et lignes directrices relatifs à la protection des données et plus récemment à l'interprétation du Règlement.

La composition du CEPD

Il s'agit d'un **organe indépendant** de l'Union européenne **doté de la personnalité juridique**. Il se compose du chef de l'autorité de contrôle de chaque État membre et du Contrôleur européen de la protection des données (EDPS) (ou de leurs représentants). La Commission européenne est également représentée mais sans droit de vote. Il doit élire un Président dont les missions sont détaillées à l'article 74, et deux vice-présidents, pour un mandat de cinq ans renouvelable une fois.

Il dispose d'un secrétariat qui est assuré par l'EDPS. Le Contrôleur n'est pas pour autant déchargé de ses missions habituelles. Ainsi, son personnel « qui participe à l'exercice des missions [confiées] au Comité est soumis à une structure hiérarchique distincte de celle du personnel » participant aux missions confiées au contrôleur afin de garantir l'indépendance de ses personnels (art. 75).

Il établit un rapport annuel sur la protection des personnes physiques dans l'Union et, s'il y a lieu, dans les pays tiers et les organisations internationales. Ce rapport fait le bilan de l'application des lignes directrices, recommandations et bonnes pratiques qu'il diffuse et des décisions contraignantes prises sur le fondement de l'article 65.

Les missions du CEPD

Ces missions sont détaillées à l'article 70. Il a notamment pour tâche de surveiller et garantir l'application du mécanisme de contrôle de cohérence, de conseiller la Commission « sur toute question relative à la protection des données à caractère personnel dans l'Union, y compris sur tout projet de modification du (...) Règlement » et de publier des lignes directrices et des recommandations sur différents sujets en lien avec l'application du RGPD (par exemple sur le profilage, la notification des violations de données, etc.). On peut imaginer que l'une des premières actions du Comité sera de pérenniser les lignes directrices adoptées par le G29 et pertinentes au regard de sa mission.

Le rôle du CEPD dans le cadre du mécanisme de contrôle de la cohérence

Afin de « contribuer à l'application cohérente du (...) Règlement dans l'ensemble de l'Union les autorités de contrôle coopèrent entre elles, et le cas échéant, avec la Commission dans le cadre » de ce mécanisme chapeauté par le CEPD. Ce dernier doit émettre des avis dans certains cas et peut être saisi par les autorités de contrôle dans certaines situations.

Les avis du CEPD (art. 64)

Le CEPD émet un avis si une autorité de contrôle envisage :

- d'adopter une liste de traitement pour lesquels il convient de procéder à une analyse d'impact ;
- de reconnaître la conformité d'un code de conduite au Règlement ;
- d'approuver les critères d'agrément d'un organisme en charge du contrôle d'un code de conduite ou d'un organisme de certification ;
- d'adopter des clauses contractuelles types ou approuver des *Binding Corporate Rules*.

Dans l'hypothèse où une autorité de contrôle doit transmettre son projet de décision au Comité, elle suspend l'adoption de cette décision pendant le délai laissé au Comité pour rendre son avis. Ce dernier doit émettre cet avis (sauf s'il s'est déjà prononcé sur la même question) dans un délai de huit semaines à la majorité simple de ses membres, délai qui peut être prorogé de six semaines en fonction de la complexité de la question.

S'il n'y a pas d'objection de la part des autres autorités de contrôle ou de la Commission dans un délai raisonnable (fixé par le Président), le projet de décision soumis à l'avis du CEPD est réputé approuvé. Le Règlement détaille les modalités d'échange d'information par voie électronique entre l'ensemble des autorités de contrôle et la Commission.

L'autorité de contrôle destinataire de l'avis du Comité « tient le plus grand compte de l'avis du comité et fait savoir (à son) président (...) dans un délai de deux semaines suivant la réception de l'avis » si elle entend maintenir sa décision initiale ou la modifier. Dans l'hypothèse où elle modifierait son projet de décision, elle doit le communiquer au Comité. Si l'autorité informe le Comité du fait qu'elle n'a pas l'intention de suivre son avis, en tout ou partie, il y a lieu d'appliquer la procédure de règlement des litiges mentionnée à l'article 65.

À noter qu'en plus des cas mentionnés ci-dessus, toute autorité de contrôle, le Président du Comité ou la Commission européenne peuvent demander à ce qu'une question d'ordre général « ou produisant des effets dans plusieurs États membres soit examinée par le Comité en vue d'obtenir un avis » (art. 64, 2). C'est notamment le cas lorsqu'une autorité compétente ne respecte pas ses obligations relatives à l'assistance mutuelle ou aux opérations conjointes.

Les décisions contraignantes du CEPD

« En vue d'assurer l'application correcte et cohérente du règlement », le CEPD adopte une décision contraignante dans les hypothèses suivantes :

- si dans le cadre de l'application de la procédure de coopération, **une autorité chef de file n'a pas suivi une objection pertinente et motivée** émise par une autorité de contrôle concernée à l'égard d'un projet de décision qu'elle lui avait soumis ou a estimé que cette objection n'était pas pertinente ou motivée (art. 60, 4). La désignation d'une autorité chef de file n'a pas pour effet de rendre incompétentes les autres autorités de contrôle pour les sujets se déroulant sur leur propre territoire ou concernant les personnes résidents dans leurs États membres. Elle impose, dès lors, de mettre en place un mécanisme de coopération et, le cas échéant, de règlement des litiges. Les autorités de contrôle doivent s'efforcer de parvenir à un consensus. Ainsi, lorsqu'une autorité chef de file entend prendre une décision à l'encontre d'un responsable du traitement ou d'un sous-traitant placé sous son autorité, elle doit envoyer son projet de décision aux autres autorités de contrôle concernées en vue de recueillir leurs observations (art. 60). Si l'autorité chef de file ne suit pas cet avis ou estime que l'objection présentée n'est pas pertinente ou motivée, elle doit soumettre la question au mécanisme de contrôle de la cohérence et adresser le dossier au Comité ;
- **en cas de divergence entre autorités de contrôle** pour déterminer la localisation de l'établissement principal d'un responsable du traitement ou d'un sous-traitant ;
- lorsque comme mentionné précédemment **une autorité de contrôle ne suit pas l'avis du Comité**.

Une **procédure d'urgence** est également prévue à l'article 66. Dans cette hypothèse une autorité concernée « considère qu'il est urgent d'intervenir pour protéger les droits et libertés des personnes concernées, elle peut par dérogation au mécanisme de contrôle de la cohérence (...) adopter immédiatement des mesures provisoires ». Ces mesures ne sont applicables que sur son propre territoire et avec une durée de validité qui ne peut pas excéder trois mois.

Elle doit en outre communiquer « sans tarder » ces mesures et les raisons de leur adoption aux autres autorités concernées, au Comité et à la Commission européenne.

Si l'autorité ayant pris des mesures d'urgence estime que des mesures définitives doivent être adoptées, elle peut solliciter un avis ou une décision contraignante en urgence au Comité en motivant sa demande.

Dans cette hypothèse, le Comité dispose d'un délai de deux semaines pour se prononcer.

Les recours et les sanctions

Le RGPD prévoit la possibilité pour les **autorités de contrôle de prononcer des sanctions administratives**. Si la CNIL dispose de ce pouvoir depuis la réforme de la loi *Informatique et Libertés* de 2004, ce n'était pas le cas de toutes les autorités de contrôle (par exemple la Commission de protection de la vie privée belge ne disposait pas de cette prérogative). En outre, même dans les pays dans lesquels les autorités de protection des données pouvaient sanctionner, le montant maximum des sanctions variait de manière significative (500 000 livres en Angleterre, 3 millions d'euros en France, etc.). Le Règlement permet de remédier à cette fragmentation législative en prévoyant des **règles communes** relatives aux sanctions.

Il pose également différentes **voies de recours** en cas de traitement réalisé en violation des dispositions du Règlement entraînant un dommage, matériel ou moral, pour une ou plusieurs personnes physiques.

Les sanctions administratives

Ces sanctions sont de **deux ordres** : il peut s'agir d'une sanction administrative visant à corriger la violation des dispositions du Règlement ou d'une amende.

Les sanctions administratives

L'article 58, 2 prévoit la **liste des mesures qu'une autorité de contrôle peut prononcer à l'encontre d'un responsable du traitement ou d'un sous-traitant**, accompagnée ou non d'une amende. Il peut s'agir d' :

- un avertissement ;
- un rappel à l'ordre ;
- une injonction de répondre aux demandes d'une personne concernée ;
- une injonction de mise en conformité, « de manière spécifique et dans un délai déterminé » ;
- une injonction de notifier une violation de données à une personne concernée ;
- une limitation temporaire ou définitive du traitement (y compris une interdiction) ;
- une injonction de rectifier ou effacer des données à caractère personnel ou de limiter un traitement et de notifier ces mesures aux destinataires des données ;
- un retrait de certification ou d'une injonction à l'organisme de certification de retirer ou de ne pas délivrer une certification ;
- une injonction de suspendre un transfert de données vers un destinataire situé dans un pays tiers.

Les sanctions pécuniaires

Les amendes administratives doivent être « effectives, proportionnées et dissuasives ». Elles peuvent être prononcées en complément ou à la place des mesures administratives mentionnées *supra*. Dans le cadre de l'analyse de l'opportunité du prononcé d'une amende et de l'évaluation de son montant, l'autorité doit prendre en compte différents facteurs.

Les facteurs à prendre en compte pour le prononcé des amendes

Il s'agit de procéder à une évaluation in concreto pour chaque cas et de déterminer s'il y a lieu de prononcer une amende et, le cas échéant, pour quel montant. Ces facteurs peuvent être classés en deux catégories.

La première concerne le comportement du responsable du traitement ou du sous-traitant en cause. Le degré de coopération avec l'autorité de contrôle, les mesures prises par l'organisme pour atténuer le dommage subi par les personnes, le degré de responsabilité des acteurs, le caractère délibéré ou non de la violation et la manière dont l'autorité a eu connaissance de la violation sont autant de critères qui seront pris en compte dans la détermination du montant de l'amende. Il faut également ajouter les éventuels précédents.

La seconde catégorie de critères qui conduira à une aggravation ou à une réduction du montant des sanctions concerne la violation elle-même. Sa nature, sa gravité et sa durée seront susceptibles d'influencer le montant de l'amende, tout comme le nombre de personnes concernées, le niveau de dommage subi et les données à caractère personnel concernées.

La répartition des amendes

Les amendes administratives sont réparties en deux catégories en fonction de la nature de la violation.

Les violations passibles d'une amende de dix millions d'euros ou de 2 % du chiffre d'affaires annuel mondial de l'exercice précédent dans le cas d'une entreprise (le montant maximum étant retenu) concernent :

- les obligations des responsables de traitement et des sous-traitants (l'accountability, l'analyse d'impact, la consultation préalable, la notification des violations, etc.) ;
- les obligations des organismes de certification et des organismes en charge du suivi des codes de conduite (par exemple un manquement aux règles relatives aux conflits d'intérêts ou une absence de notification à la CNIL de la décision de suspension de l'adhésion à un code de conduite d'un adhérent).

Les violations passibles du montant maximum de vingt millions d'euros ou de 4 % du chiffre d'affaires annuel mondial de l'exercice précédent concernent les manquements :

- aux droits des personnes concernées (par exemple en cas de défaut de réponse à une demande de droit d'accès, d'absence d'une mention d'information sur un formulaire de collecte, etc.) ;
- aux principes fondamentaux des traitements (par exemple en cas de non-respect des dispositions relatives au recueil du consentement ou à la limitation de la conservation des données, etc.) ;
- aux transferts de données hors Union européenne (par exemple procéder à un transfert de données vers un pays tiers sans mettre en place de garanties appropriées).

À noter que les manquements aux obligations prévues par le droit des États membres en application du chapitre IX du RGPD (concernant certaines situations particulières de traitements comme le traitement du NIR ou les traitements de données mis en œuvre dans le cadre de relations de travail, etc.) sont soumis au montant maximum des sanctions.

Dans l'hypothèse où une autorité de contrôle aurait prononcé une injonction, une limitation temporaire ou définitive du traitement ou une suspension de transferts de données hors Union européenne et que cette mesure n'aurait pas été respectée, l'organisme peut se voir appliquer une amende de vingt millions ou de 4 % du chiffre d'affaires annuel mondial. Le montant de l'amende encourue est identique dans l'hypothèse où un responsable du traitement ou un sous-traitant refuserait de donner accès à ses locaux (installations et moyens de traitement).

À noter que la CNIL ne peut pas prononcer de sanctions pécuniaires lorsque le traitement est mis en œuvre par l'État.

Les sanctions pénales

L'article 84 prévoit que les États membres peuvent déterminer « le régime des autres sanctions applicables en cas de violation du présent règlement ». Le considérant 149 fait explicitement référence à des sanctions pénales, sous réserve de ne pas entraîner la violation du principe *non bis in idem* tel qu'il a été interprété par la Cour de justice. De telles sanctions existent déjà en cas de violation de la loi *Informatique et Libertés* aux articles 226-16 et suivants et R. 625-10 à 12 du Code pénal.

Les dispositions légales adoptées en application de cet article doivent être notifiées à la Commission (ainsi que leur modification ultérieure) au plus tard le 25 mai 2018.

Les différents recours

Le régime de responsabilité posé par le RGPD est un régime de responsabilité visant la **réparation intégrale** du préjudice subi par la ou les personnes concernées.

Les recours contre un responsable du traitement ou un sous-traitant

Une personne concernée a le droit d'introduire un recours juridictionnel à l'encontre d'un responsable du traitement ou d'un sous-traitant, si elle considère qu'un traitement de données méconnaît les droits que lui confère le RGPD.

Cette action peut être engagée sans préjudice d'un recours administratif ou extrajudiciaire. Elle peut être introduite « devant les juridictions de l'État membre dans lequel le responsable du traitement ou le sous-traitant dispose d'un établissement », mais également devant les juridictions de l'État membre dans lequel la personne concernée a sa résidence habituelle, sauf dans l'hypothèse où le mis en cause serait une autorité publique agissant dans l'exercice de ses prérogatives de puissance publique.

Un responsable du traitement ou un sous-traitant peut s'exonérer de sa responsabilité s'il démontre « que le fait qui a provoqué le dommage ne lui est nullement imputable ». Dans l'hypothèse où le responsable du traitement et le sous-traitant verraient leur responsabilité engagée, c'est pour la « totalité » du dommage « afin de garantir à la personne concernée une réparation effective » (art. 82, 4). Dans l'hypothèse où l'une des parties indemniserait l'intégralité du dommage, elle dispose d'une action récursoire à l'encontre des autres pour récupérer la part d'indemnisation versée par la partie ayant indemnisée la totalité du dommage et incombant aux autres parties.

L'action de groupe en matière de protection des données à caractère personnel

L'action de groupe en matière de protection des données n'est pas nouvelle en droit français. La loi n° 2016-1547 du 18 novembre 2016 de modernisation de la justice du XXIe siècle ayant introduit une action de groupe visant à faire cesser le dommage.

Le RGPD innove toutefois sur 2 points. Il offre aux États membres la possibilité :

- de mettre en place une action de groupe à des fins d'indemnisation du préjudice subi par les personnes concernées ;
- d'autoriser des associations non mandatées à représenter des personnes concernées afin d'exercer une action visant à la cessation du dommage.

Le projet de loi relatif à la protection des données présenté en décembre 2017 par le gouvernement ne modifiait pas les dispositions relatives à l'action de groupe. Les députés lors de l'examen du projet ont cependant introduit une disposition à l'article 16 A visant à étendre le périmètre de cette action à l'indemnisation du préjudice subi.

Le recours contre une autorité de contrôle

L'article 78 prévoit que « toute personne physique ou morale a le droit de former un recours juridictionnel effectif contre une décision juridiquement contraignante d'une autorité de contrôle qui la concerne ». Une personne concernée peut également engager un recours dans l'hypothèse où une autorité de contrôle ne traiterait pas une réclamation ou ne l'informerai pas dans un délai de 3 mois de l'état d'avancement ou de l'issue de sa réclamation.

En France, c'est le Conseil d'État qui est compétent pour traiter les recours à l'encontre des décisions de la CNIL.

Lignes directrices du Groupe de l'article 29 relatives à l'interprétation du RGPD

Sujet	Référence	Date	Statut
Le droit à la portabilité	WP 242 rev.01	5 avril 2017	Adoptées
Le délégué à la protection des données	WP 243 rev.01	5 avril 2017	Adoptées
L'autorité chef de file	WP 244 rev.01	5 avril 2017	Adoptées
L'analyse d'impact relative à la protection des données	WP 248 rév. 01	4 octobre 2017	Adoptées
Les sanctions administratives	WP 253	3 octobre 2017	Adoptées
Le profilage	WP251	6 février 2018	Adoptées
Les violations de données	WP 250	6 février 2018	Adoptées
Le consentement	WP 259	28 novembre 2017	En cours
La transparence	WP 260	-	En cours
Les certifications et accréditations	WP 262	6 février 2018	En cours
Le référentiel d'adéquation	WP 254	28 novembre 2017	En cours
Les BCR pour les responsables de traitement	WP 256	29 novembre 2017	En cours
Les BCR pour les sous-traitants	WP 257	29 novembre 2017	En cours

Cet ouvrage a été achevé d'imprimer
dans les ateliers de Leitzaran (Espagne)
Numéro d'impression : 528 – Dépôt légal : Avril 2018